Jörg Sommer

Oxmox ox Mollox

Kinder spielen Indianer

Illustrationen von Susanne Szesny

Ökotopia Verlag Münster

Impressum

Autor	Jörg Sommer
Illustrationen	Susanne Szesny, Dorsten
Satz	GENRE KREAKTIV, Abstatt
ISBN	978-3-86702-200-2

21. Auflage 2012

© 1992 Ökotopia Verlag, Münster

Inhaltsverzeichnis

Warum das Thema „Indianer" ? 4

Indianer zwischen Mythos und Realität 6

Alltag im Indianer-Lager 12

Mit Bogen, Beil und Bumerang 24

Ein Volk von Künstlern 34

Mit kühnen Jägern auf der Pirsch 42

Köstlichkeiten aus der Indianerküche 54

Indianer-Kinder brauchen Mut 64

Sprechen ohne Worte 80

Sonnentanz und Opfergaben 90

Indianer-Leben live 106
   Indianergeburtstag 107
   Gruppennachmittag 107
   Projekttage 108
   Tagesaktion 108
   Indianer-Wochenende 109
   Bausteine für den Kindergarten 110
   Indianer-Freizeit 115

Anhang 118
   Empfehlenswerte Medien 118
   Anschriften 121
   Register 123
   Lexikon 124

Warum das Thema „Indianer"?

Es wird der Tag kommen,
an dem die Kinder des Weißen Mannes
sich wie Indianer kleiden werden,
Perlenschnüre und Stirnbänder tragen werden.
Aus dieser Generation
werden unsere ersten
wahren nichtindianischen
Freunde hervorgehen.

Aus einer Prophezeiung der Hopi

Wer hätte nicht als Kind davon geträumt, mit Winnetou über die Weite der Prärie zu reiten, Büffel zu jagen und gefährliche Abenteuer zu bestehen?
Auch auf die Kinder von heute üben Indianer einen großen Reiz aus. Die Faszination ist geblieben - ebenso die oberflächliche Darstellung der Indianer in Filmen und Büchern. Aber keine Angst. In diesem Buch geht es nicht darum, mit erhobenem Zeigefinger auf die Vorurteile aufmerksam zu machen, die den Indianern heute noch immer entgegengebracht werden. Vielmehr soll das Thema Indianer Erwachsenen dabei helfen, viele wichtige Themen in kindgemäßer Form zu behandeln. Denn im Leben der Indianer stecken für eine fortschrittliche Erziehung weit mehr Anknüpfungspunkte, als man in der Regel annimmt.
Durch die Beschäftigung mit fremden Kulturen werden Vorurteile abgebaut, Toleranz und Aufgeschlossenheit für Fremdes gefördert. Auch führt das Leben als Indianer zu einer

intensiven Beschäftigung mit der Natur und ihren Schätzen. Denn wer leben will wie ein Indianer, der muß auch lernen, mit der Natur im Einklang zu leben, genügsam zu sein und Verantwortung für seine Umwelt zu tragen. Aber nicht allein gegenüber der Natur, sondern auch gegenüber ihren Schwestern und Brüdern sind wahre Indianer rücksichtsvoll und verantwortungsbewußt. Für die Indianer bedeutete Geben mehr Freude als Nehmen. Für sie war das Wohlergehen aller Sippenmitglieder wichtig. Ihr soziales Verhalten war den menschenfeindlichen Prinzipien der heutigen Ellenbogengesellschaft weit überlegen. So kann also eine Beschäftigung mit dem realen Leben der Indianer gestern und heute gleich mehrere wünschenswerte Erziehungsziele unterstützen: Toleranz gegenüber Fremdem, soziales Verhalten und bewußter Umgang mit der Natur und ihren Ressourcen.

Dieses Buch will Erwachsene in Kindergarten, Schule, Jugendgruppe und zu Hause dabei unterstützen, diese Fähigkeiten, die den Kindern unserer modernen Konsum- und Wegwerfgesellschaft nicht intensiv genug nahegebracht werden können, auf kindgemäßem Weg zu vermitteln. Dabei geht es darum, die Faszination „Indianer" mit Spielen, anderen Beschäftigungen und Informationen so umzusetzen, daß die Kinder neben Spaß und Abenteuern auch ethische Grundhaltungen vermittelt bekommen. Dazu bieten sich Indianer-Nachmittage, Indianerfeste oder gar richtige Indianercamps geradezu an. Mit Sicherheit werden Kinder voller Erwartung daran teilnehmen. Daß die Kinder dabei eine ganze Menge Spaß haben, dazu sollen die in diesem Buch enthaltenen weit über 100 umfangreichen Bastel-, Spiel- und Kochanleitungen beitragen.

Nach einer ausführlichen inhaltlichen Einleitung werden jeweils in einem eigenen Kapitel unterschiedliche Lebensbereiche der Indianer vorgestellt. Diese werden mit einer bisher einmaligen Fülle konkreter Spiel- und Bastelideen für jede Altersstufe verbunden. Viele davon sind historisch überlieferte Spiele der Indianerkinder. Auch viele ursprüngliche indianische Rezepte, die von oder mit Kindern zubereitet werden können, sind enthalten. Die Themenbreite reicht dabei vom indianischen Alltag über Kunst und Kunsthandwerk, Jagd, Ernährung, Kindheit und Jugend, bis hin zur Religion und ihrer Bedeutung für die Indianer.

Schließlich sind auch komplette Programme für vielerlei Aktionen enthalten: Projekttage in der Schule, Tagesveranstaltungen für Jugendhäuser, Kindergeburtstage, selbst ganze Indianerwochenenden oder als Höhepunkt eine komplette Indianer-Freizeit für kleine Abenteurer! Für den Einsatz im Kindergarten eignen sich ebenfalls nahezu alle Beschäftigungen. Im Anhang sind diese nach den zentralen Kernbereichen der Kindergarten-Pädagogik aufgelistet und durch weitere Tips in Form von Bausteinen ergänzt. Sogar ein konkretes Programm für ein Indianerfest im Kindergarten ist dabei. So können mit den hier enthaltenen Materialien leicht zwei oder sogar mehr thematische Wochen mit den Kindern durchgeführt werden.

Ergänzt wird das Buch durch einen ausführlichen Anhang mit einer Liste empfehlenswerter Medien (Vorlese- und Jugendbücher, Sachbücher, Bilderbücher, Filme) sowie mit Anschriften von Museen und Initiativen. Ein Lexikon indianischer Begriffe rundet das Ganze ab.

Ob in Kindergarten, Hort, Grundschule, Kinder- und Jugendgruppen, Jugendhäusern, bei Ferienspielen, Kinderfreizeiten und nicht zuletzt im Rahmen der Familie: Immer wird man in diesem Buch eine Fülle von Anregungen finden.

Indianer zwischen Mythos und Realität

Wir wissen,
daß der weiße Mann
unsere Art nicht versteht.
Ein Teil des Landes
ist ihm gleich dem anderen,
denn er ist ein Fremder,
der kommt in der Nacht
und nimmt von der Erde,
was immer er braucht.

Häuptling Seattle

Indianer - diese Bezeichnung beruht auf einem Irrtum. Als Christoph Kolumbus vor 500 Jahren im Jahre 1492 Amerika entdeckte, glaubte er, Indien erreicht zu haben. Deshalb nannte er die vorgefundenen Einwohner „Indianer". „So fügsam, so friedlich sind diese Menschen", schrieb er dem spanischen König, „daß ich schwöre, es gibt auf der Welt kein besseres Volk. Ihre Sprache ist stets sanft und freundlich und von einem Lächeln begleitet, ihr Betragen ist anständig und lobenswert."

Dieser allererste Bericht über die Lebensweise der Indianer unterscheidet sich wesentlich von den Darstellungen späterer Zeit. Darin sind die Indianer blutrünstige, skalpjagende Wilde. Beiden Sichtweisen ist aber eines gemein: die einseitige Verzerrung der Realität. Denn zum einen gab es nie **die** Indianer, dazu waren die kulturellen Unterschiede z.B. zwischen den Bewohnern der Prärie und den vom Fischfang lebenden Indianern der Küste viel zu groß. Zum anderen gab es auch bei ihnen immer „Gute" und „Böse", eine Tatsache, die im übrigen erstmals von dem oft so kritisierten Karl May einer breiten Öffentlichkeit gegenüber vertreten wurde. Auch wenn die Bücher Karl Mays mit künstlicher Romantik überladen sind, so waren sie in der Differenzierung der Indianer weiter als die rund 80 Jahre später produzierten Hollywood-Western. Noch dazu haben die Indianer viele von uns als „typisch" empfundene Eigenschaften erst durch die Weißen vermittelt bekommen. Das Skalpieren z.B. führten die Weißen ein, um die teilweise für getötete Indianer bezahlten Kopfprämien besser kontrollieren zu können. Auch die ersten Pferde wurden durch die Weißen in Amerika eingeführt.

Anders als uns in den unzähligen historisch fragwürdigen Indianer-Filmen vermittelt wird, waren die Indianer z.B. nicht besonders kriegerisch veranlagt. „Ihr nennt uns Wilde", sprach Sitting Bull, der Medizinmann der Dakotas, „aber bei jeder Schwierigkeit, die entstand, habt ihr uns zuerst angegriffen. Ich wünsche, in Frieden zu leben." Von Anfang an brachten die Eroberer aus Europa Mord, Raub und Betrug über die Indianer. Die Spanier vernichteten aus Gier nach Gold ganze Stämme. Die Engländer ließen sich von den Indianern ernähren, doch als sie eigene Siedlungen errichtet hatten, brachten sie ihre Gastgeber um; die Holländer „kauften" die Insel Manhattan für Glasperlen im Wert von 60 Gulden!
Nach der Staatengründung der USA 1776 wurde die Unterdrückung der Indianer noch planmäßiger fortgesetzt. Ein Offizier namens Andrew Jackson tat sich dabei besonders hervor. Die Indianer gaben ihm den Namen Sharpknife (Scharfes Messer), denn er ließ tausende Chickasaw, Choctaw, Creek, Cherokee und Seminolen umbringen. 1829 wurde dieser Mann dann Präsident der USA! Damit begann die schlimmste Zeit der Indianerverfolgung. In wenigen Jahren wurden mehr als 300.000 Indianer von Soldaten und weißen Siedlern getötet. Manche Stämme wurden völlig ausgerottet. Von vielen anderen konnten sich nur wenige Familien in unwirtliche Gebiete retten, in denen sie dann oft von Hunger und Seuchen hinweggerafft wurden. Das Töten und Vertreiben ging noch viele Jahre weiter. Die später verharmlosend genannte „Eroberung des Wilden Westens" war also in Wirklichkeit eine Zeit des Mordens, des Grauens und des Völkermords.
Doch vorab: Wenn wir im vorliegenden Buch von „Indianern" sprechen, so meinen wir nicht nur die klassischen Reitervölker der nordamerikanischen Prärie, wie wir sie mehr oder weniger gut aus zahlreichen Wildwest-Filmen kennen: große, scharfäugige Männer mit Falkennase, prächtig anzusehen mit herabströmendem Feder-Kopfschmuck, gekleidet in bestickte, gefranste Lederhemden, schwer bewaffnet mit Gewehr, Speer, Schild und Skalpmesser, in stolzem Sitz auf feurigem Pferd, ungeduldig den Aufbruch zum Ritt in den Kampf oder zu einem Jagdzug des Stammes erwartend. Diese roten Ritter der Prärie bildeten in Wirklichkeit nämlich nur einen kleinen Teil der indianischen Bevölkerung

Amerikas. Ihr Goldenes Zeitalter - die in vielen Western glorifizierten Jahre der großen Büffeljagden und der kriegerischen Beutezüge - dauerte nur wenige Generationen.

Obwohl Indianer nicht nur die aus den Western und Karl-May-Büchern bekannten Völker der amerikanischen Prärie, wie z.B. die Craw, die Sioux, die Dakota oder die Kiowa sind, stehen diese Stämme im Vordergrund dieses Buches. Nicht nur deshalb, weil Kinder heute spontan gerade an sie denken, wenn sie das Wort Indianer hören. Vor allem auch, weil viele der von uns geschätzten Eigenschaften, wie z.B. Sozialverhalten, Naturverbundenheit, Toleranz und Friedfertigkeit, gerade bei diesen Völkern besonders ausgeprägt waren. Schließlich sind es gerade diese Völker, die durch Jahrhunderte weißer Geschichtsverfälschung heute für ein Indianerbild herhalten müssen, das keinen Bezug zur geschichtlichen Realität hat. Gerade anhand der Beschäftigung mit ihnen können viele der heute noch verbreiteten Vorurteile hervorragend abgebaut werden. Wenn wir hier nun vereinfachend von „dem Indianer" sprechen, so ist damit deshalb in der Regel der Bereich der nordamerikanischen Plains gemeint. Doch wir vergessen dabei nicht, daß indianische Kultur mehr bedeutet als diese kurze Epoche einiger Völker. Deshalb werden wir an vielen Stellen im Buch auch von anderen Indianern bzw. indigenen Völkern hören, wie den mittelamerikanischen Hochkulturen der Maya und Inka, den südamerikanischen Indianern der Anden und des Amazonas-Urwaldes, den nordamerikanischen Inuit, die wir als Eskimos kennen, und schließlich den australischen Ureinwohnern, die von den Weißen den Namen Aborigines bekamen.

INUIT-FRAU

INDIANER DER NORDWESTKÜSTE

IROKESE

PRÄRIE-INDIANER

PUEBLO-KIND

URWALD-INDIANERIN

Der Reichtum der Länder ist schuld an der Armut der Völker - diese Aussage, gemünzt auf die Situation der Mehrheit der Menschen in der sogenannten Dritten Welt trifft insbesondere auf alle indigenen Völker zu. Auch die Indianer Nordamerikas, die mitten in einem der reichsten Länder der Erde leben, können diesen Satz bestätigen. Indigene Völker wurden über Jahrhunderte von alten und neuen Kolonisatoren bedrängt und in existenzfeindliche Reservate zurückgetrieben. Heute finden sie sich wieder auf Land, das häufig bedeutende Vorkommen an wertvollen Bodenschätzen in sich birgt. Genau diese Tatsache ist jedoch für diese Völker meist verhängnisvoll. Anstatt ihr Überleben in der modernen Welt sicherzustellen, ist der unter ihrem Land befindliche natürliche Reichtum in den letzten Jahrzehnten durchweg Ursache für neue Vertreibung und vielfältige Menschenrechtsverletzungen an den betroffenen Menschen geworden. Meist sind diese Völker gegenüber der weißen Bevölkerung in der absoluten Minderheit, aber auch in Staaten wie Bolivien und Guatemala werden sie, obgleich die Indios dort die Mehrheit der Bevölkerung stellen, von einer Minderheit beherrscht.

Die klimatisch und geographisch überaus breite Vielfalt ihrer Lebensräume bedingt eine ebenso erstaunliche Fülle von unterschiedlichen Lebensweisen. Die Inuit z.B., welche die arktischen und subarktischen Gebiete Kanadas, Alaskas und Grönlands bewohnen, leben in erster Linie von der Jagd und vom Fischfang. Dagegen sind z.B. die Regenwälder des Amazonasbeckens überwiegend die Heimat von sogenannten Brandrodungsbauern. Ihre Nahrungsgewinnung beruht auf einem komplizierten und optimal an die ökologischen Bedingungen des Regenwaldes angepaßten System von Bewirtschaftung und Brache. Kleine Waldparzellen werden abgebrannt und anschließend mit Reis, Mais, Bananen oder Knollenfrüchten bepflanzt. Nach einer kurzen Nutzungszeit von drei bis vier Jahren werden diese Felder bis zu 12 Jahre oder länger brachgelegt, bevor sie von neuem gerodet und kultiviert werden.

Heute ist es jedoch den meisten indigenen Gemeinschaften nicht mehr möglich, ihr bisheriges Leben aufrecht zu erhalten. Häufig ist ihre ehemals auf Eigenbedarf ausgerichtete Produktion, die sogenannte Subsistenzwirtschaft, der Abhängigkeit von weißen Händlern zum Opfer gefallen. Vielfach sind heute indigene Menschen gezwungen, ein dürftiges Auskommen in Bergwerken und Plantagen zu suchen. Das Leben in der ländlichen Dorfgemeinschaft wurde nur zu oft eingetauscht gegen eine Elendsexistenz in den Armenvierteln der Großstädte. So leben - eine wenig bekannte Tatsache - mittlerweile mehr US-amerikanische Indianer in der Stadt als auf Reservatsland.

„Es ist wie mit der Kokospalme, die auf unserem Land wächst. Die Kokosnüsse reifen zwar hier, doch sie fallen ganz woanders. Das einzige, was auf unser Land fällt, sind die Blätter und anderer Unrat, der unser Land zugrunde richtet". So ein Ältester aus West-Papua zu den Umtrieben transnationaler Bergbauunternehmen auf dem Territorium seines Volkes. Mächtige Interessen treten indigenen Völkern in der Gestalt großer Bergbauunternehmen entgegen. Insbesondere in den armen Ländern des Südens erhalten ausländische Minengesellschaften praktisch uneingeschränkte Schürfrechte, verbunden mit minimalen Umweltschutzauflagen und zu günstigsten Konditionen. Während so Profite in Millionenhöhe erwirtschaftet werden, speist man die Besitzer des Landes und damit auch der Bodenschätze mit lächerlichen Abfindungsbeträgen ab. Selbst in den reichen USA erhielten z.B. die Navajo-Indianer 1981 lediglich 15 bis 37 Cents pro auf ihrem Reservat geförderte Tonne Kohle, die jedoch auf dem Markt einen Preis von 70 US$ erzielte.

„Realität ist das, was entschlossene Menschen daraus machen. Für uns gibt es keine Chance, in einem fremden System zu überleben. Nur unser System funktioniert für uns, und kein anderes, und wir haben ein Recht auf unser eigenes System. Jeder hat das Recht, nach seinen eigenen Vorstellungen zu leben. Wir bestehen auf dieses Recht bis zum Ende. Wir werden nicht aufhören zu kämpfen, bis wir unsere eigene Realität gewonnen haben." Dies sagte Jimmie Durham, der Leiter des Internationalen Indianischen Vertragsrates in New York in einem Interview. Indigene Völker sind, so prekär ihre Situation auch sein mag und so grausam wir Weißen ihnen im Laufe der Geschichte mitgespielt haben, eines nicht: wehrlose Opfer. Sie haben Anspruch auf unsere Achtung und Unterstützung in einem von ihnen couragiert und einfallsreich geführten Kampf um die Respektierung ihrer grundlegenden Rechte. Diese Rechte münden vor allem im Anspruch auf eine selbstbestimmte Entwicklung und somit die Möglichkeit, als eigenständige Völker zu überleben.

In der teilweise bis zu 500 Jahre alten Konfrontation mit europäischen Invasoren und später mit dem Nationalstaat, der sich auf ihrem Land gebildet hatte, haben indigene Völker gelernt, mit vielen Mitteln zu kämpfen. Heute versuchen sie, einheimischen Regierungen und multinationalen Konzernen die Stirn zu bieten, indem sie ihnen mit friedlichem Protest, politischer Lobby-Arbeit und auch zivilem Ungehorsam entgegentreten. Indigene Völker haben inzwischen zu einem gemeinsamen Kampf gefunden, indem sie sich auf nationaler und internationaler Ebene in Organisationen zusammengeschlossen haben. Ihr Kampf um Selbstbehauptung hat sich in vielen Fällen vom reinen Überlebenskampf zu einem selbstbewußten Eintreten für die eigenen Lebensweisen und Werte weiterentwickelt.

Alltag im Indianer-Lager

Einst waren wir glücklich
in unserem eigenen Land
und wir waren selten hungrig,
denn die Zweibeiner und die Vierbeiner
lebten zusammen wie Freunde,
und es gab genug
für uns und für sie.

Ein indianischer Häuptling zu Beginn einer „Friedensverhandlung"

Die Frühgeschichte der Menschheit ist überall ähnlich verlaufen. In Amerika, wie auch sonst überall, war der Mensch zunächst ein nomadischer Jäger. Er hatte kein dauerhaftes Heim. Jeden Tag mußte er viele Meilen zurücklegen, um Wild für die Ernährung seiner Familie zu erbeuten. Vor ungefähr 15.000 Jahren belauerte und erlegte er Tiere, die inzwischen längst ausgestorben sind: so z.B. das Mammut und das Wollnashorn. Die versteinerten Knochen dieser Tiere sind in der Asche seiner Feuerstellen gefunden worden. Die Waffen und Werkzeuge dieser frühen Jäger wurden durch das Spalten von Steinen und durch das Abschlagen kleiner Splitter hergestellt. Eisen kannten die Indianer nicht, bevor sie es bei den Weißen sahen.

Es dauerte viele Generationen lang, bis die Nomaden lernten, Mais und Kürbis anzubauen. Damit wurden sie Teilzeit-Bauern. Dies bedeutete eine große Umstellung ihrer gesamten bisherigen Lebensweise. Ackerbau bedeutete, seßhaft zu werden. Es entstanden die ersten größeren Siedlungen anstelle von Gruppen von Jägern, die meist nur eine Familie umfaßt hatten. Auch die Töpferei entstand, denn man brauchte Gefäße, um die Ernte zu verarbeiten und zu lagern. Mit der größeren Menge qualitativ hochwertiger Nahrung stieg rasch auch die Bevölkerungszahl.

Bis vor verhältnismäßig kurzer Zeit, irgendwann zwischen 1700 und 1800, als sie Gewehre und Pferde von den Weißen übernahmen, lebten die Prärie-Indianer fast gleich wie ihre Vorfahren, die Mammutjäger, vor Tausenden von Jahren. Sie ähnelten sehr wenig den Prärie-Indianern, wie den stolzen Kriegern Sitting Bull oder Crazy Horse, wie sie uns heute präsentiert werden. Ihr Leben war hart und ohne den Glanz und den Reiz, die mit dem Pferd kamen. Noch heute leben die indianischen Völker z.B. im südamerikanischen Amazonasgebiet so, wie auch ihre nordamerikanischen Vorfahren bis zu ihren ersten Kontakten mit den Weißen.

Das Leben der indianischen Bewohner der Plains spiegelte die ungestüme Natur ihres Lebensraums wider. Ihr Geschick als Jäger, Krieger und Reiter entschied über das Überleben, ebenso ihre Tapferkeit und Zähigkeit. Die Plains flößten ihren Bewohnern ein Bewußtsein der persönlichen Freiheit ein, wie es wenige Leute vorher oder später je erlebt haben. Trotz dieser großen persönlichen Freiheit hatten die Indianer ein ausgefeiltes Sozial- und Ordnungssystem. Die Akicita, eine Art Lagerpolizei aus jungen Männern, hatte bei den Prärie-Stämmen in den Lagern und auf Reisen für Ordnung zu sorgen. Sie konnten jedem, auch dem Häuptling, Anordnungen erteilen und sie bestrafen, wenn sie gegen die gesetzte Ordnung verstießen.
Bei einem Volk, das weder Schlösser, Schlüssel noch Geld kannte, gab es keine Diebe. Krieger raubten Pferde von den Feinden - auf solche Taten konnte ein Indianer stolz sein. Auch ohne Juristen und Verträge war es für die Indianer unmöglich, zu betrügen. Auch ohne Gefängnisse war es für sie unmöglich, zu Verbrechern zu werden. Die Prärie-Indianer hatten kein Kastensystem, keine Klassen, keine erbliche Führung, keine Entrechteten. Ein Mensch war so gut wie der andere.
Dies galt auch für das Verhältnis von Männern und Frauen in der indianischen Gesellschaft. Anders als heute oft dargestellt, waren die Frauen bei den Indianern keine Menschen zweiter Klasse. Viele Aufgaben wurden von Frauen und Männern gemeinsam übernommen. Kindererziehung und handwerkliche Tätigkeiten wie z.B. Weben oder Schmuckherstellung wurden von beiden Geschlechtern ausgeübt. Frauen konnten auch Mitglied im Stammesrat, Medizinmann bzw. -frau und sogar Häuptling werden. Wir kennen heute nur wenige solche Frauen, weil die von Weißen geschriebene Geschichte sie uns nicht überliefert hat. Die Weißen, für die die Frau nicht für Politik, Krieg und historische Taten zuständig war, haben den Indianern neben anderen schlechten Eigenschaften auch schnell die Unterdrückung der Frau beigebracht. Es ist heute kaum noch vorstellbar, daß bei vielen Stämmen die Zelte und der gesamte Besitz der Frau gehörte. Die Männer waren in der Regel besitzlos und konnten zudem schnell „auf der Straße" stehen. Eine Frau, die sich von ihrem Mann scheiden lassen wollte, brauchte ihm nur seine Mokassins vor das Zelt zu stellen. Dies bedeutete: Verschwinde! Doch es soll nicht verhehlt werden, daß es in vielen Bereichen auch eine starre Rollenteilung gab: Jagd und Krieg war in erster Linie Sache der Männer, die Nahrungszubereitung und Führung des Tipi-Haushaltes war Aufgabe der Frauen. Anders als in der weißen Zivilisation bedeutete dies für die Frauen jedoch nie Unterdrückung als Mensch zweiter Klasse.

Unter einem Häuptling verstanden die Indianer den anerkannten Anführer einer Gemeinschaft, der ein Mensch mit festen Überzeugungen, kraftvollem Charakter und erprobten Fähigkeiten sein mußte. In der Regel fungierte er als Vorsitzender des Stammes- oder Ältestenrates, dem die wichtigsten Männer, aber auch Frauen des Volkes angehörten. Dafür Sorge zu tragen, daß die Beschlüsse dieses Gremiums durchgeführt wurden, war seine Aufgabe. Sein Einfluß hielt sich dabei in Grenzen, da er sich stets dem Willen der Mehrheit zu beugen hatte. Ein Häuptling hatte keine Befugnis zu strafen. Er hatte kein recht, seine Hand gegen irgendein Mitglied des Stammes zu erheben. In der demokratischen Ordnung der Plains hatte jeder Angehörige des Stammes das Recht, seine Meinung zu sagen. Im Rat des Stammes hörte man ihm mit Achtung zu, ohne ihn zu unterbrechen. Es zählte nicht, wie lange er sprach - Zeit war genug. Lediglich wenn er vom Thema abwich, mahnte man ihn, bei der Sache zu bleiben. Die Prärie-Indianer liebten das öffentliche Debattieren und waren stolz auf ihre Reden. Sie konnten nicht begreifen, warum die Weißen sich über ihre Langatmigkeit beklagten. Eine lange Rede war gute Unterhaltung. Auf diese Weise wurden wichtige Angelegenheiten mit allgemeiner Zustimmung entschieden. Wer entgegengesetzter Meinung war, hatte die Möglichkeit, dies zum Ausdruck zu bringen. Da es in der Sprache der meisten Indianer keine Schimpfwörter gab, konnten sie einander nur schwer beleidigen.

Aber werfen wir doch kurz einen Blick auf den Alltag im Indianerlager: Ein Besucher der Plains zu Anfang des 19. Jahrhunderts erblickte wahrscheinlich zuerst die Erdhütten der seßhaften Stämme, bevor er das erste Tipi sah.

Viele Dörfer waren sogar zum Schutz gegen Feinde mit Holzpalisaden befestigt und ähnelten kleinen Städten. Die Hütten der Mandan, eines seßhaften Volkes, waren aus Stämmen gebaut und rundum und oben mit Grasziegeln bedeckt. Der Boden der Hütte war aus sauberer und hart gestampfter Erde. Das Dach wurde von vier kräftigen Stangen gestützt und hatte eine Öffnung, durch die der Rauch des Feuers entweichen konnte. Die Häuser waren mit einem Durchmesser von 12 bis über 20 Metern recht groß. In der Mitte war die Feuerstelle, ringsum an der Wand verlief eine Bank aus gestampfter Erde. In diesen Häusern war genug Platz für eine Menge Gebrauchsgegenstände und sie boten Raum für die ganze Familie einschließlich Pferden und Hunden. Im Winter hielt die natürliche Isolierung die Kälte ab, und im Sommer war man darin vor der größten Hitze geschützt. Die ersten weißen Siedler übernahmen deshalb die Konstruktion dieser Holzhütten für ihre eigenen Behausungen.

Bei den Indianern der großen Prärie war keine andere Behausung so verbreitet wie das Tipi. Es war dem berittenen Wanderleben der Prärie aufs Beste angepaßt und erfüllte die Bedürfnisse der Indianer optimal. Zwar war die Größe der Tipis von Stamm zu Stamm verschieden - die Crow waren bekannt dafür, daß sie die größten Zelte mit den längsten Stangen hatten-, doch die Grundkonstruktion war überall dieselbe, und ihr Aussehen glich einander. Jedes Tipi war ein Kegel aus 10 bis 20 Stangen und mehreren zusammengenähten Büffelhäuten. Sechzehn Häute ergaben ein schönes, geräumiges Familientipi. Ebenso wie die Tipis einen runden Querschnitt hatten, so bestand auch ein Lager aus einem großen Kreis von Tipis. Der Kreis war ebenso wie alle Tipis nach Osten, zur aufgehenden Sonne hin, offen. Oft war das Tipi mit roten Streifen geschmückt und manchmal mit Szenen aus dem Leben des Besitzers bemalt. Schon auf den ersten Blick war das Tipi durch seine beiden „Ohren" charakterisiert - zwei Rauchklappen, die durch zwei Stangen geöffnet oder geschlossen werden konnten.

Die Indianer wurden und werden oft als finstere, gleichgültige Menschen beschrieben, die kein Lä-

cheln kannten. So lernten sie die Weißen kennen, die sie betrogen, schlecht behandelten und auf sie herabsahen. In Wirklichkeit gibt es wohl kaum ein Volk, das Lachen und Geselligkeit so liebte wie die Prärie-Indianer. Für Gelage, fröhliches Plaudern, ein Pfeifchen mit guten Freunden hatten sie stets etwas übrig. Kein Wunder, daß es zwischen den Tipis oder Hütten ein ständiges Kommen und Gehen gab. Für das Leben im Lager gab es traditionelle Regeln. Bei vielen Stämmen bedeutete eine offene Eingangsklappe: „Kommt herein, wer ihr auch seid!". Waren die Klappen geschlossen, so wurde erwartet, daß der Besucher erst laut seinen Namen nannte, um dann zu warten, bis er zum Eintritt aufgefordert wurde. Zwei gekreuzte Stöcke vor dem Eingang bedeuteten, daß die Bewohner abwesend waren oder keinen Besuch wünschten. Manche Stämme hatten sogar Klappern aus Hirschhufen als „Türglocken". Wer zum Essen kam, brachte sein eigenes Koch- und Eßgeschirr mit. Nach dem Essen wurden die Gäste gebeten, mit heimzunehmen, was übrig blieb. Wer sprach, durfte nicht unterbrochen werden. Gute Erzähler waren beliebt. Manchmal wurden regelrechte Wettbewerbe zwischen Erzählern veranstaltet. Auch heute noch kommen die Indianer gern zusammen, um ein paar gute Geschichten zu hören. Die Tradition des Redens und Erzählens lebt weiter. „Ein guter Schwatz", sagen sie, „ist besser als fernsehen".

Bei einem Stammesfest, einem Rodeo oder Sonnentanz kann der Besucher immer noch ein paar schöne Tipis sehen, aber die heutigen Indianer müssen nach Art des Weißen Mannes in Häusern leben. Die älteren Häuser sind oft Blockhütten, wie sie die ersten Siedler und Goldsucher bauten. Meist sind sie einfach und ohne Strom und Wasser. Viele Indianer sind sogar so arm, daß sie in elenden Buden aus Dachpappe oder in rostigen Wohnanhängern leben. Diese Notbehausungen sind ungesund und bieten kaum Schutz vor der Hitze des Sommers und der bitteren Kälte des Präriewinters. Das Leben in einem neuzeitlichen Reservat ähnelt häufig immer noch dem Zusammensitzen im Tipi, denn es gelten dieselben Regeln.

Vor fünfzig Jahren sprach man viel von der „schwindenden Rasse". Es schien damals, daß die Indianer verschwinden würden wie der Büffel und daß die Überreste der Stämme von der viel zahlreicheren weißen Bevölkerung aufgesogen würden. Zum Glück schwinden die Indianer nicht mehr dahin. Indianerfamilien haben im Durchschnitt mehr Kinder als die übrige Bevölkerung, und die Anzahl der Bewohner in den Reservaten ist in ständigem Anstieg. Nach einem Tiefpunkt zu Beginn dieses Jahrhunderts haben viele Stämme wieder die Zahl erreicht, die sie bei der ersten Begegnung mit dem Weißen Mann hatten. Das gilt allerdings nicht für alle. Manche Stämme, wie die Pawnee, die Mandan und die Hidatsa, wurden von den Pocken so dezimiert, daß sie sich nie mehr davon erholen konnten. Von solchen Stämmen leben nur wenige hundert Menschen, oft nicht genug für ein eigenes Reservat. Dies hat zur Folge, daß zwei oder drei solcher Klein-Stämme auf einem winzigen Gebiet hausen. Sie kämpfen einen verlorenen Kampf - nicht nur ums physische Überleben, sondern auch um ihre Stammesidentität, um ihre Sprache, um ihre Kultur. Auch bei den Stämmen, die ihre zahlenmäßige Stärke wiedererlangt haben, hat ein Kind weit weniger Aussicht, das Alter eines Erwachsenen zu erreichen, als ein weißes Kind. Die mittlere Lebenserwartung eines Indianers im Reservat ist 43 Jahre, 20 Jahre weniger als im übrigen Land.

Namensgebung

Alle Indianer haben einen eigenen Namen. Dieser wird ihnen vom Medizinmann nach einer Begebenheit ihres Lebens oder einer besonderen Eigenschaft verliehen, oft sind es auch in Visionen vorkommende Ereignisse, die sich im Namen niederschlagen.

Material: evtl. runde Pappe, Farbe, Naturmaterialien, Klebstoff
Alter: ab 4 Jahren

Wenn wir mit Kindern eine ein- oder mehrtägige Indianeraktion durchführen, können wir gleich zu Beginn für den richtigen atmosphärischen Einstieg sorgen: Der Medizinmann, in der Regel ein Betreuer, verleiht zu Beginn jedem Kind einen eigenen Namen. Dabei wird vor allem auf positive Eigenschaften der Kinder abgehoben. Die Namen könnten also z. B. lauten:
„Flinker Fuß" oder „Fliegender Stern" bei einem sehr wendigen Kind
„Rauchender Kopf" bei einem sehr klugen Kind
„Adlerauge" bei einem sehr aufmerksamen Kind
„Schwarzer Bär" bei einem sehr starken Kind
„Bergadler" bei einem sehr mutigen Kind
„Großer Felsen" bei einem sehr großen Kind
Im Anschluß daran taufen die Kinder ihre Betreuer. Ab diesem Zeitpunkt ist es wünschenswert, daß sich alle Teilnehmer nur noch bei ihrem neuen Namen nennen. Auf keinen Fall sollte man die Kinder jedoch dazu zwingen, denn im Laufe der Zeit etablieren sich die indianischen Namen von alleine. Nachhelfen kann man sicherlich durch einige der klassischen Namens- und Kennlernspiele.

Bei Kindern im Kindergartenalter ist es ratsam, Namen zu wählen, die man einfach zeichnen kann, z.B. „Rote Sonne", „Kleine Wolke", etc. Die Kinder können dann selbst „Namensschilder" mit frei gewählten Materialien auf einem runden Stück Pappe kreativ umsetzen. Im Kindergarten ist es auch denkbar, die Bilder der Garderoben-Schilder als Namen zu wählen.

Lagerfeuer

Wer kennt sie nicht aus vielen Abenteuerbüchern, die Romantik am abendlichen Lagerfeuer! In Wirklichkeit hatten die Indianer meistens wenig offene Feuerstellen, sondern kleine Kochstellen in ihren Hütten und Zelten. Nur zu festlichen Anlässen wurden große Feuerstätten aufgehäuft. Unterwegs auf der Jagd verzichteten sie meist auf ein Feuer und aßen stattdessen kalten Pemmikan. Ein offenes Lagerfeuer hatte also meist feierlichen Charakter.

Material: Bogen, Holz, Stein, Zunder und Geduld (ersatzweise Streichhölzer)
Alter: ab 4 Jahren (mit Erwachsenen)

Höhepunkt eines jeden Tages im Leben unserer Indianer ist mit Sicherheit der Abend am wärmenden Lagerfeuer. Bei der Auswahl des Feuerplatzes ist zunächst darauf zu achten, daß sich das Feuer nicht ausbreiten kann. Dazu müssen wir 30 bis

50 m vom Wald oder von Scheunen entfernt sein. Bei starkem Wind oder besonderer Brandgefahr muß die Entfernung noch größer sein. Sodann entfernen wir im Umkreis von 5 m alles brennbare Material (z.B. Gras, Stroh, Heide, Reisig, Tannenzweige). An besonders gefährdeten Stellen ziehen wir einen 3 m breiten Feuergraben. Dieser Graben muß so tief sein, daß er keine brennbaren Pflanzen mehr enthält. Eine Tiefe von 30 cm wird meistens genügen.

Zum Entfachen eines Feuers benötigt ein Indianer ein wenig Übung, seinen Bogen, ein Stück Holz sowie einen Stein. Die Bogensehne wird zweimal um das Holz gewickelt, das an seinem unteren Ende zugespitzt ist. Dann wird es in die kleine Mulde in einem Brett oder einem Baumstamm gesteckt, welche mit Zunder (trockenes Moos, kleine Holzspäne, Birkenrinde) gefüllt ist. Mit einem Stein hält man den Ast in das Loch gedrückt und bewegt den Bogen hin und her, bis der Zunder anfängt zu glimmen und dann beim Hineinpusten Feuer zu fangen. Ist die Glut entfacht, legen wir stärkere Holzstücke nach. Wichtig, daß das Feuer nicht überladen wird, da es sonst erstickt. Brennt das Feuer gut, legen wir nur große Stücke nach, sie ergeben eine gleichmäßige Hitze. In unseren Breiten gibt es im Sommer auch vielfach Verbote von offenen Feuern außerhalb der festgelegten Feuerstellen. Sind wir uns einmal nicht ganz sicher, hilft am besten eine kurze Anfrage beim zuständigen Forstamt oder bei der Feuerwehr.

Das Lagerfeuer für Drinnen

Material: Steine oder Papier, Kleister und graue Farbe, rotes Kreppapier, Äste
Alter: ab 3 Jahren

Für ein Fest im Raum oder z.B. für den Einsatz im Kindergarten ist folgendes „Lagerfeuer" geeignet:
Aus ca. 12 Steinen in Faustgröße wird ein Kreis auf den Boden gelegt. Diese Steine können auch durch selbstgemachte Pappmaché-Exemplare ersetzt werden, die grau angemalt wurden. In dem Kreis werden dann Äste pyramidenförmig angeordnet und zu guter Letzt mit einigen Streifen rotem Kreppapier belegt. Fertig ist das „Lagerfeuer" für den Hausgebrauch.

Trinkbecher

Die Trinkbecher der meisten nordamerikanischen Indianer waren in der Regel aus Ton. Oft waren sie außen von Leder umhüllt, damit sie bei Reisen nicht so leicht zerbrachen.

Material: Kokosnuß, großer Schraubenzieher, Lederband
Alter: ab 7 Jahren

Die hier vorgestellte Methode wurde und wird bei den pazifischen indigenen Völkern verwendet. Sie hat den Vorteil, daß sie relativ einfach auch zu Hause umgesetzt werden kann. So können alle Teilnehmer bereits mit eigenen „echten" Trinkgefäßen zu ihrem Indianerstamm kommen.

Man nimmt eine Kokosnuß, stößt z.B. mit einem sauberen, starken Schraubenzieher eines der drei Fruchtlöcher ein und trinkt die süße Milch. Das obere Drittel wird abgesägt, das Fruchtfleisch herausgeschält, und schon ist die Trinkschale fertig. Verziert und mit Lederbändern zum Aufhängen versehen, ist sie ein kostbarer Schmuck zum (all-)täglichen Nutzen. Vor dem ersten Gebrauch (übrigens auch als Teller für Eintöpfe geeignet) sollte das Gefäß mehrmals mit heißem, nicht kochendem Wasser ohne Seife ausgewaschen werden. Ganz kluge Köpfe töpfern sich einen Ring aus Ton oder schälen Rinde als Ring von einem abgestorbenen Baum, damit sie den Topf beim Essen abstellen können.

Indianerlager aus Pappe

Material: Pappe, Wasserfarbe, Schaschlikspieße, Zweige, Papier, Schere, Lederreste, Pfeifenreiniger, Holzperlen
Alter: ab 4 Jahren

Als Unterlage wird eine 40 x 40cm große Pappe verwendet und grün bemalt. Für den Hintergrund nimmt man eine zweite Pappe (20 x 40cm) und malt darauf eine Landschaft mit Fluß, Hügeln, Bäumen und Bergen. Aus festem Papier und je 6 Schaschlik-Spießen werden dann Tipis gebaut und mit Mustern bemalt. Am besten geeignet sind hierfür Wasserfarben. Die fertigen Tipis werden auf der Unterlage befestigt. Aus zusammengeklebten Zweigen können Gestelle für Schilder und Felle geklebt werden. Das Schild kann aus festem Papier ausgeschnitten und mit Wasserfarben bemalt werden. Aus einem Stück Wild- oder Fensterputzleder kann das Fell ausgeschnitten werden.
Aus Pfeifenreinigern mit kleinen Holzperlen lassen sich schnell einige bewegliche Indianer-Figuren und Pferde gestalten, die die Szenerie beleben und als Spielfiguren dienen können.

Tipi

Die Sioux der Plains bewohnen das ganze Jahr über das bekannte Tipi, das Zelt der Indianer. 12 bis 15 hohe Stangen bildeten das Gerüst, das mit gegerbten Bisonhäuten bedeckt war. Die meisten Indianerstämme banden dazu drei Stangen zu einem Dreibein zusammen, stellten es auf und lehnten die übrigen Stangen dagegen. Bei starkem Wind wurde es mit einem von oben herunterhängenden Seil an einem in der Erde stehenden Haltepflock befestigt. Mit einer Hebestange hievten sie den Lederüberzug nach oben, zogen ihn um die Stangen und befestigten ihn mit Pflöcken am Boden. Die vordere Naht wurde mit Holzstäbchen zugesteckt, nur für den Eingang blieb eine runde Öffnung, die mit einer Türklappe aus Leder geschlossen werden konnte. Oben befanden sich zwei Rauchklappen, die je nach Wind geöffnet oder geschlossen wurden. Wenn die Indianer zu neuen Jagdrevieren aufbrachen, war das Tipi schnell zusammengelegt und auf den Packsattel eines Pferdes geschnallt.

Material: Schnur, 6 Stangen von 2m Höhe, viele Stoffreste, stabiles Garn, grobe Nadeln, evtl. Packpapier
Alter: ab 8 Jahren

Mit einem Stück Schnur von ca. 1 m Länge wird ein Viertelkreis auf den Boden gezeichnet und in drei Teile geteilt. Dieser Kreisausschnitt ist jetzt die Schablone (am besten aus Packpapier) für die 6 einzelnen Kreissegmente. Sie werden aus Stoffresten zusammengenäht und dann alle zu einem Halbkreis verbunden. An der geraden Seite werden jetzt Schlaufen eingenäht, um das Zelt später schließen zu können. An jede Naht zwischen zwei Zeltsegmenten kommt außen ebenfalls eine Schlaufe, mit der das Zelt im Boden befestigt werden kann. Sechs ca. 2 m hohe Stangen werden so gegeneinander aufgestellt, daß sie eine Pyramide bilden. Mit stabiler Schnur werden sie oben miteinander verbunden. Dann wird die Zeltbahn herumgelegt und an den Schlaufen mit selbstgeschnitzten Heringen im Boden fest verankert.

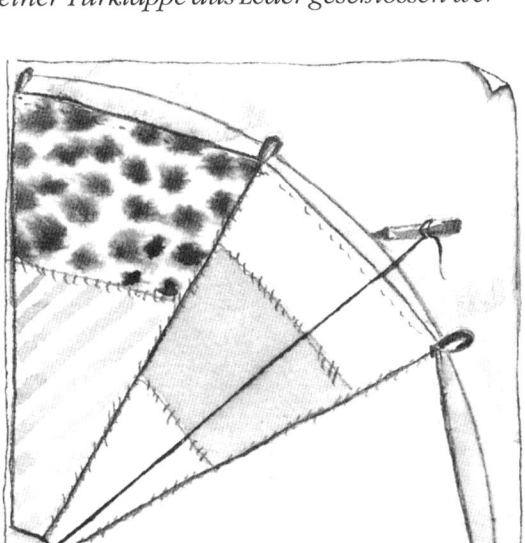

Tipi-Jagd

Material: 3 bis 5 kleine Hölzchen
Alter: ab 4 Jahren

Ein Spieler baut aus drei bis fünf kleinen Hölzchen das Grundgerüst eines Tipis. Er wird es sodann mit einem Kick auseinandertreten, um sich schnell mit den anderen Spielern in einem vorher vereinbarten Gebiet zu verstecken. Zwei zuvor bestimmte Spieler müssen das Tipi möglichst schnell wieder errichten und dürfen dann auf die Pirsch gehen. Sobald sie einen Spieler in seinem Versteck entdecken, müssen sie ihn beim Tipi abschlagen, indem sie auf den Boden klopfen und laut seinen Namen rufen. Schafft es der Gefundene aber, schneller beim Tipi zu sein, dann darf er das Hölzchengerüst wieder auseinandertreten. Mit diesem Akt errettet er sich und alle bereits erhaschten Gefangenen.

Fünf-Minuten-Tipi

Material: Besenstiele, Decken, Schnur
Alter: ab 3 Jahren

Nicht immer hat man Zeit, Lust, die passenden Materialien und das geeignete Wetter, um ein großes, „echtes" Tipi zu bauen. Für ein Indianerspiel an einem regnerischen Nachmittag im Haus oder bei schönem Wetter im Garten tut es auch diese einfachere Variante.

Man braucht dazu mindestens drei, besser sechs Besenstiele und je nach Größe ca. drei bis sechs Decken oder Leintücher. Mit etwas Schnur kann der Spaß schon beginnen. Die Besenstiele werden zu einer Pyramide zusammengestellt und oben fest zusammengebunden. Dann werden die Decken darübergelegt und oben noch einmal zusammengebunden. Fertig ist das Fünf-Minuten-Tipi: Es sieht prächtig aus und leistet hervorragende Dienste.

Noch schneller geht übrigens das Flach-Dach-Tipi. Einfach eine Decke über einen Tisch, und schon ist die neue Indianer-Wohnung fertig.

Ofen

Viele Speisen der Indianer wurden in selbstgebauten Lehmöfen gebacken. Vor allem die nomadisch lebenden Indianerstämme hatten eine große Fertigkeit darin entwickelt, an ihren jeweiligen Lagerplätzen schnelle, funktionsfähige Öfen zu bauen.

Material: Weidenzweige, Lehm, Feuerholz
Alter: ab 6 Jahren

Einen solchen Ofen können wir sehr gut für die Herstellung unseres selbstgebackenen Brotes verwenden. Aus einigen grünen Zweigen, am besten Weiden, wird ein halbkugelförmiges Gerüst geformt und mit mehreren Schichten Lehm überzogen. Die einzelnen Schichten sollten jeweils leicht austrocknen, bevor die nächste Lehmschicht folgt. Man läßt eine Öffnung oben und eine größere an der Seite. Dann wird ein Feuer darin angezündet. Der Lehm speichert die Hitze. Sobald der Ofen aufgeheizt ist, wird die Asche entfernt. Die Nahrungsmittel werden auf Blättern o.ä. hineingelegt und beide Öffnungen verschlossen.

Mit Bogen, Beil und Bumerang

Der weiße Mann
in der großen Stadt
hat merkwürdige Kleidung.
Er schwitzt im Sommer
und es friert ihn im Winter.
Er kann sich darin nicht bewegen.
Er verlangt, daß sich unsere Kinder
auch so kleiden, aber
Warum sollen unsere Kinder schwitzen?
Warum sollen unsere Kinder frieren?
Warum dürfen sich unsere Kinder nicht bewegen?

Fragen eines indianischen Vaters an einen Indianer-Kommissar

Auch wenn die Indianer in den Augen vieler Weißer nur „Primitive" waren, so haben sie doch in der Anfertigung ihrer alltäglichen Gebrauchsgegenstände großes Geschick an den Tag gelegt. Im Winter konnte es z.B. mächtig kalt werden. Temperaturen von 20° unter Null waren in vielen Gebieten keine Seltenheit. Warme Kleidung war deshalb nötig. Pelzmäntel, Mützen, warme Stiefel - diese Ausrüstungsgegenstände kauften viele weiße Trapper bei den Indianern ein. Die weichen, anschmiegsamen Schuhe der Waldindianer, die Mokassins, haben einer ganzen Generation moderner Herrenschuhe ihren Namen gegeben.

Die Ureinwohner Nordamerikas verfügten über viele verschiedene Jagdwaffen, wobei Pfeil und Bogen gewiss zu den bekanntesten zählen. Darunter aber gab es die verschiedensten Bogentypen. Der einfache Flachbogen, meist aus dem Holz der Osage-Orange oder aus Eschenholz, war mit Hanfschnüren oder Rohlederstreifen, mit zusammengedrehten Tiersehnen oder Pflanzenfasern bespannt. Der Holzrücken war manchmal durch umwickelte Bison-Sehnen verstärkt. Die Reiterstämme der Prärie, die vom Pferde aus jagten, hatten kurze Bögen mit ca. 1,30 m Länge, während die Waldvölker Bögen bis zu 2 m Länge benützten. Die Pfeile waren meist um die 60 cm lang und aus Hartholz oder seltener aus Schilfrohr. Die Pfeilspitzen waren aus Stein, Knochen, Horn oder später aus Metall. Aber nicht nur Pfeil und Bogen, vor allem auch Speere, Beile und die legendären Tomahawks waren beliebte Jagd- und Kriegswaffen der Indianer. Auch so seltene Waffen wie die Bola oder der Bumerang wurden eingesetzt. Der Bumerang wurde von den australischen Aborigines entwickelt, die Bola fand Verwendung in den mittel- und südamerikanischen Steppen.

Auch Musikinstrumente kannten die Indianer. Nicht nur die bekannte Trommel, auch Flöten, Posaunen, Kastagnetten, Rasseln und gitarrenähnliche Instrumente waren ihnen bekannt. Mit den Flöten hatte es eine ganz besondere Bewandnis: Bei den Prärie-Indianern wurden Flöten vor allem für Liebeslieder benützt. Wenn die hohen Töne einer Flöte durchs Lager klangen, dann wußten alle: ein junger Mann hat sein Herz verloren. Die Indianer waren in der Liebe scheu und schüchtern. Ein mutiger, junger Krieger, der schon oft seine Tapferkeit gezeigt hatte, wagte oft nicht, das Mädchen seiner Wahl anzusprechen. Er ließ statt dessen seine Flöte sprechen.

Bogen

Fast alle Indianerstämme besaßen Bögen, die sich oftmals jedoch erheblich unterschieden. Die berittenen Indianer der Prärie hatten kleine, flexible Bögen, die sie vom Pferd aus zur Bisonjagd einsetzten. Da sie mit ihnen jedoch über große Entfernungen nicht treffen konnten, mußten sie immer gefährlich nah an die Bisons heranreiten. Die Indianer der Waldländer hatten dagegen Langbögen, die zwar eine große Kraft beim Spannen benötigten, dafür jedoch auf große Entfernungen treffsicher waren.

Material: 1 fingerdicker, gerader Ast mit einer Länge von ca. 2/3 der Körpergröße, Paketschnur, Kerzenstummel, Isolierband
Alter: ab 5 Jahren

Der Ast, am besten aus Hasel-, Weiden- oder Eschenholz, wird ca. 2 cm von jedem Ende auf der gleichen Seite eingekerbt. Über die Kerben wird jetzt eine Schnur gezogen und so straff gespannt, daß sich der Ast biegt und in der Mitte rund 30 cm von der Schnur absteht. Dann wird die Schnur mit dem Kerzenstummel abgerieben. Der Griff kann mit Schnur umwickelt und mit Isolierbandstreifen beklebt und verziert werden.

Für jüngere Kinder kann der rohe Bogen bereits vorbereitet werden. Die jungen Indianer können ihn dann durch Umwickeln von Isolierband selbst bunt gestalten.

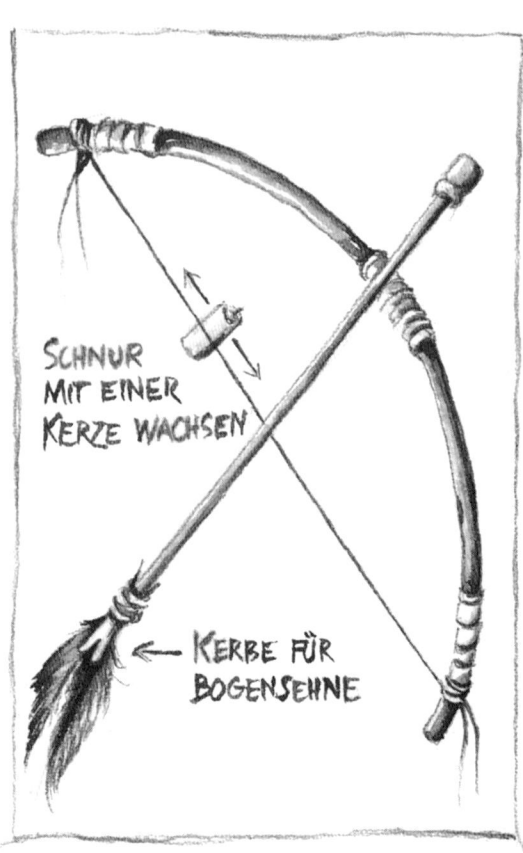

Pfeile

Zu einem guten Bogen gehören treffliche Pfeile. Aus diesem Grunde stellten die Indianer ihre Pfeile fast immer selbst her. Selten wurden sie gehandelt. Besonders wertvoll waren gute Pfeilspitzen aus Knochen oder Fischgräten.

Material: Holzstäbe, Isolier- oder Klebeband, Schnitzmesser, Korken, Federn
Alter: ab 5 Jahren

In ein Ende eines Holzstabes oder geraden Zweiges (etwa 60 cm lang und 5 mm dick) wird eine Kerbe für die Schnur geschnitzt (bei jüngeren Kindern sind die Stäbe entsprechend vorbereitet). Dann werden Federn mit Klebe- oder Isolierband festgeklebt. Sie dienen der Stabilisierung. Zuletzt wird auf die Spitze ein Korken geklebt. Der Pfeil fliegt so besser und ist weniger gefährlich.

Köcher

Ihre Pfeile, ein wertvolles Gut der Indianer, bewahrten diese in speziellen Köchern auf. Ein Köcher wurde entweder um die Schulter getragen oder am Pferd befestigt.

Material: Papröhre, Stoffreste, Schere, Kartoffel- oder Lederstempel, Farbe, Alleskleber, Kordel
Alter: ab 7 Jahren

Zum Eigenbau brauchen wir eine dicke Papröhre mit Deckel (ca. 8 bis 15 cm Durchmesser, ca. 40 cm lang). Sie sind kostenlos bei Zeitungs-Druckereien zu bekommen, da sie dort als Abfall anfallen. Ein Stoffstück wird so zurechtgeschnitten, daß die Breite dem Umfang der Röhre + 2 cm entspricht. Die Länge des Stoffes sollte der Röhre + 10 cm entsprechen.

Nach dem Bemalen oder Bedrucken mit Kartoffel- oder Lederstempeln, werden unten 10 cm lange Fransen geschnitten. Nach dem Trocknen der Farbe wird der Stoff um die Röhre geklebt. Ca. 2 cm unter dem oberen Rand wird ein Loch gebohrt, ebenso direkt darunter auf ca. halber Höhe. Durch diese beiden Löcher wird eine Kordel gezogen und im Innern der Röhre verknotet. Das ist der Trageriemen.

Kinder-Köcher

Material: Papprolle, Alleskleber, Papier, Wasserfarbe, Pappe, Kordel
Alter: ab 4 Jahren

Dieser Köcher ist wesentlich einfacher und rascher zu bauen und deshalb besonders für jüngere Kinder im Kindergartenalter geeignet.

Wir nehmen dafür eine Papprolle von Küchentüchern und umkleben sie mit selbstbemaltem Papier. Auf einer Seite wird sie dann mit einem Pappkreis geschlossen. Auf beiden Seiten wird je ein Loch gebohrt, durch das eine Kordel als Trageriemen gezogen wird. In diesen Köcher passen drei bis sechs Pfeile für Kinder-Bögen mühelos hinein.

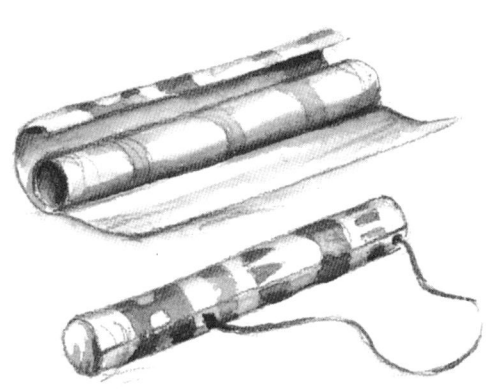

Lederhemd

Auch wenn wir es in den landläufigen Wildwest-Filmen selten sehen: in Amerika war es im Winter mitunter sehr kalt. Entgegen der einseitigen Darstellungen kamen die Indianerstämme einzelner Landstriche nie mit dem Lendenschurz aus. Deshalb kannten fast alle Völker feste, widerstandsfähige Hemden aus Leder.

Material: Kartoffelsack oder 5 Lederstücke à ca. 50 x 50 cm, Lochzange, Lederbänder
Alter: ab 10 Jahren

Für uns sind sie mit etwas Geschick in kurzer Zeit herstellbar. Für ein echtes Indianerhemd brauchen wir fünf Lederstücke oder Teile von Kartoffelsäcken, die wie auf dem Bild zusammengelegt werden. In das mittlere Stück wird der Ausschnitt für den Kopf eingeschnitten. An den Seiten, an welchen sich die Lederstücke berühren, werden im Abstand von ca. 3 cm Löcher in beide Stücke gestanzt, durch die kleine Lederbänder gezogen und verknotet werden. Ebenso werden Vorderteil und Rücken (die beiden großen Stücke) miteinander verbunden und auch die Ärmel zugenäht. Das fertige Indianerhemd kann noch mit bunten Perlenstickereien verziert werden.

Stoffhemd

Material: Altes Herrenhemd oder großes T-Schirt, Schere, Kordel oder Gürtel, Stoffarbe
Alter: ab 4 Jahren

So können kleine Indianer schnell und einfach schöne Hemden selbst basteln. Ein altes Herrenhemd oder ein großes altes T-Shirt bekommt die Ärmel so gekürzt, daß sie dem Kind ca. bis zum Ellenbogen reichen. Mit einer guten Stoffschere werden unten und an den Ärmeln viele Fransen eingeschnitten. Mit einer Kordel, einer Schnur oder einem Gürtel wird das Hemd dann um die Hüfte fixiert. Wer sein Wams lieber bunt mag, der kann es noch mit Stoffarben verschönern.

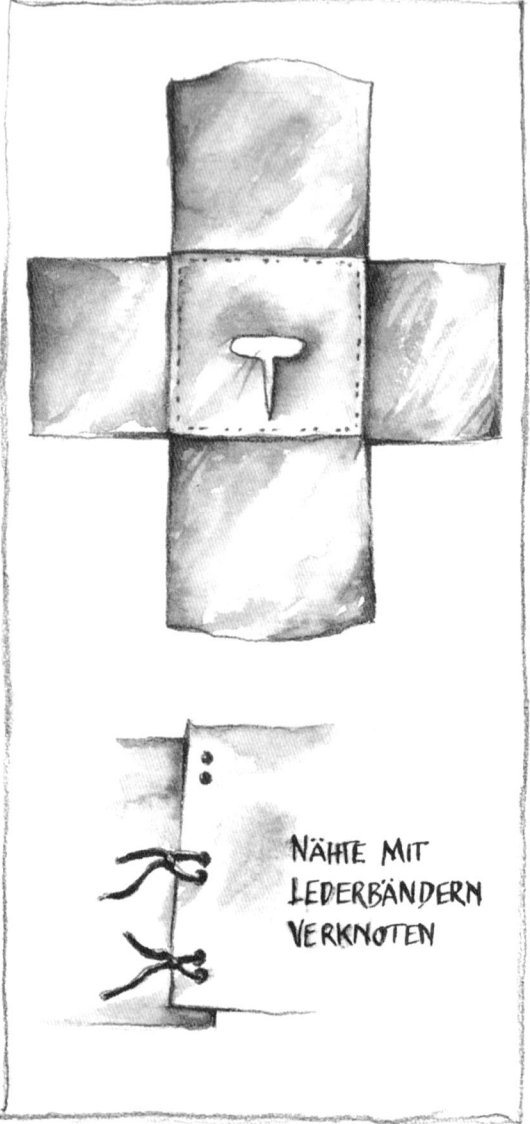

NÄHTE MIT LEDERBÄNDERN VERKNOTEN

Leder-Mokassins

So hießen die leichten Schuhe der Indianer aus den waldreichen Gegenden. Sie konnten damit gut über umgestürzte Bäume oder schlüpfrige Felsen klettern. Diese Schuhe trockneten wieder schnell und waren viel bequemer als die harten Stiefel der weißen Siedler.

Material: Leder, Schere, Stift, Messer, Lochzange, Fett
Alter: ab 10 Jahren

Man setzt seinen Fuß auf ein Stück Leder, umfährt ihn mit einem Stift und schneidet das Leder so aus, wie es auf der Zeichnung dargestellt ist. Fußteil und Oberleder werden mit Lederbändern verbunden. In das Band wird ein Knoten geflochten. Man läßt ihn noch locker aus dem ersten Loch des Sohlenteils hängen. Erst wenn das Band aus dem Loch des Oberleders kommt, klemmt man den Knoten der Schlinge ein. Nun werden Fußteil und Oberleder weiter miteinander verbunden und das Band am Ende wieder mit einem solchen Knoten befestigt. Die Ferse wird festgeknüpft und mit dem Messer werden Schlitze für Schnürbänder eingeschnitzt.

Den fertigen Schuh zieht man trocken an und stellt sich mit ihm in eine kleine Wanne mit Wasser. Anschließend läuft man so lange mit ihm herum, bis er völlig trocken ist. So paßt er sich der Fußform an. Dann wird er von außen dick mit Fett eingestrichen, damit das Leder etwas wasserabweisender wird und einer vorzeitigen Abnützung vorgebeugt wird.

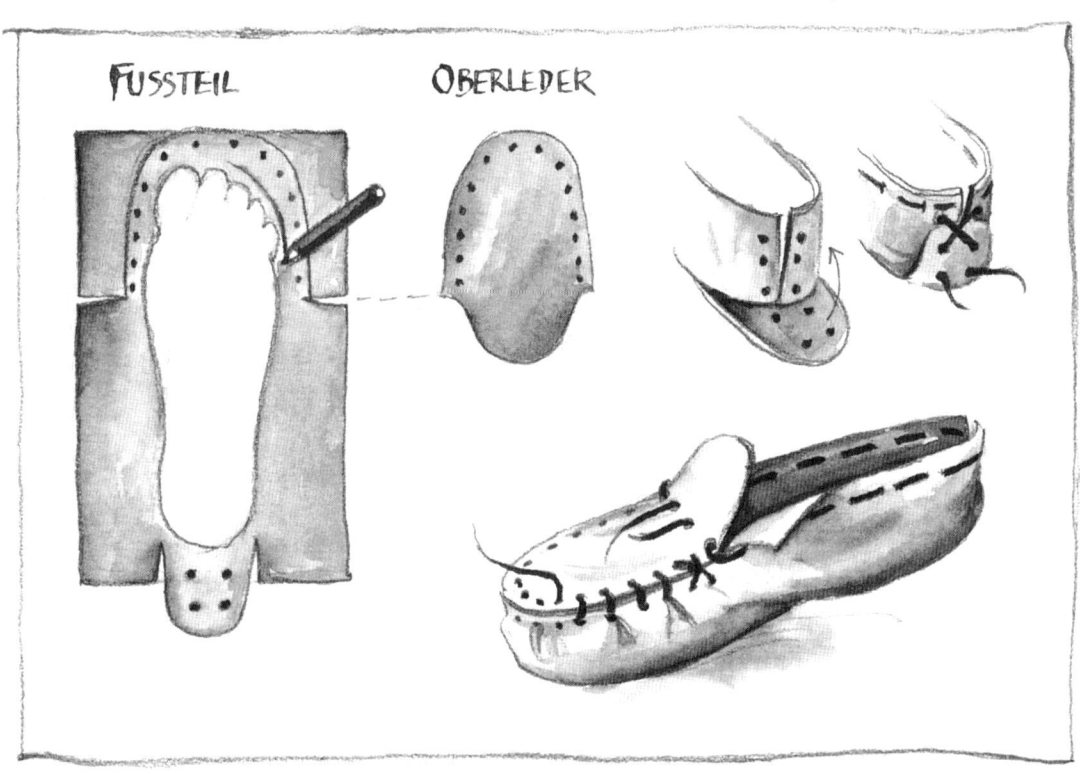

Stoff-Mokassins

Material: Stoffreste, grobe Nadel und stabiler Faden
Alter: ab 4 Jahren

Diese Mokassins aus Stoff gehen schneller, sind billiger in der Herstellung und vor allem wesentlich einfacher zu basteln, so daß sie auch für Bastelarbeiten z.B. mit Kindergartenkindern geeignet sind.

Für ein Kind mit Schuhgröße 28 brauchen wir ein Stoffstück im Format von ca. 40 x 40 cm. Dieses schneiden wir so aus, wie auf dem Bild zu sehen ist. Bei vielen kleinen Bastlern hilft das Herstellen einer Schablone. Am stumpfen Ende wird der Stoff dann noch zweimal eingeschnitten und dann entlang der Linien hochgeklappt, wie auf dem zweiten Bild. Durch den oberen Rand ziehen wir nun einen dicken Faden mit einer Nadel, indem wir alle 0,5 cm einstechen. Vorne schneiden wir den Faden so ab, daß zwei Enden von je ca. 20 cm bleiben. Nun kann der Mokassin angezogen und zugebunden werden.

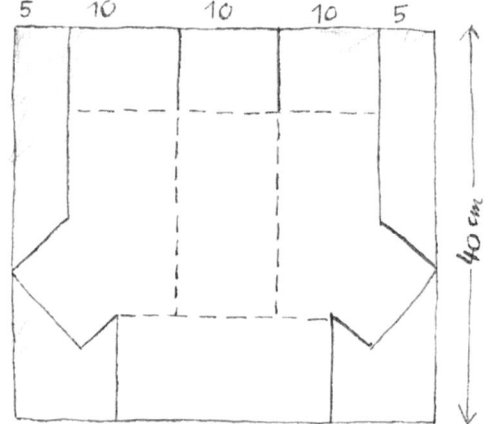

Schild

Vor allem die Reitervölker hatten kleine Schilde aus Leder für den Kriegspfad, aber auch für festliche Anlässe. Sie waren bunt bemalt und oft mit Federn und Tierkrallen geschmückt. Gegen die Gewehre der Weißen boten sie natürlich keinen Schutz, und so verschwanden sie bald. Heute stellen die Indianer in den Reservaten solche Schilder wieder für Feste und Tänze her.

Material: Schnur, Stoff, Wolle, Leder, Perlen, Naturmaterialien, Pappe, Schere
Alter: ab 4 Jahren

Eine Pappe wird zu einem runden Kreis von ca. 40 -50 cm Durchmesser geschnitten. Rund herum werden in kurzen Abständen kleine, ca. 1 cm tiefe Kerben eingeschnitten. Dann wird ein Faden durch die erste Kerbe gezogen, durch die Kerbe auf der gegenüberliegenden Seite wieder zurückgezogen durch die direkt neben der ersten liegende Kerbe, usw. Sind alle Kerben verwendet worden, kann man auf einer Seite alles Mögliche einweben, z.B. Stoff, Wolle, Leder, Federn, Naturmaterialien. Durch die andere Seite kann dann der Arm gesteckt werden, und fertig ist das Prunkschild.

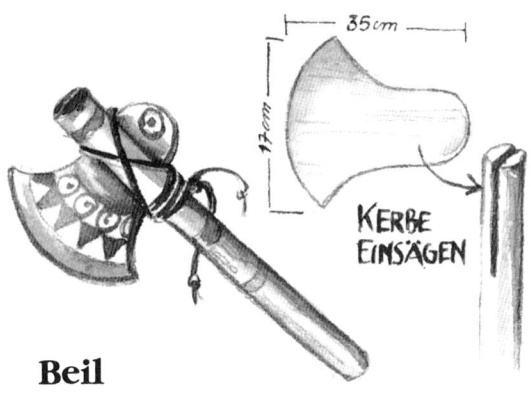

Beil

Beile wurden zunächst mit Steinen, später aus verschiedenen Metallen hergestellt und waren die meistgenutzte Jagd- und Kriegswaffe der Indianer. Sie wurden aber auch als Universalwerkzeuge benützt. Einige Stämme hatten besondere Beile, die zusätzlich hervorragend zum Werfen geeignet waren.

Speer

Speere waren vermutlich nach den Keulen die ersten Jagdinstrumente der Indianer. Sie ermöglichten erstmals auch Auseinandersetzungen mit großen und gefährlichen Tieren wie Bisons oder Bären. Die Spitzen bestanden zunächst aus Steinen oder Knochen, bei den nordamerikanischen Indianern später aus Bronze und anderen Metallen. Die Speerspitzen waren sehr wertvoll. Ein Indianer hatte immer mehrere davon in Reserve. Bei den australischen Ureinwohnern sind Speere neben dem Bumerang noch heute die einzigen Waffen.

Material: Stift, Sperrholzplatte, Säge, Besenstiel oder Ast, Holzkleber, Schnur, evtl. Farbe oder Isolierband
Alter: ab 10 Jahren

Material: Sperrholzplatte, Ast, Säge, Holzkleber, Schnur, evtl. Farbe, Isolierband oder Schnitzmesser
Alter: ab 12 Jahren

Den glockenförmigen Umriß des Beils auf eine ca. 5 mm dicke Sperrholzplatte zeichnen, aussägen und die Kanten glatt schmirgeln. Einen Ast von ca. 50 cm Länge auf einer Seite so breit und tief einsägen, daß das Beil darin eingeklemmt werden kann, und der Ast noch ca. 2 cm übersteht. Das Beil hineinkleben und zusätzlich mit Schnur umwickeln. Das Beil kann durch Bemalen, der Ast durch Bekleben oder Schnitzereien verschönert werden.

Den Umriß der Speerspitze auf eine ca. 5 mm dicke Sperrholzplatte zeichnen, aussägen und die Kanten glatt schmirgeln. Einen Besenstiel oder einen geraden Ast auf einer Seite ca. 10 cm tief einsägen, die Spitze einkleben und zusätzlich mit Schnur umwickeln. Durch das Bemalen, Bekleben oder anderweitige Schmücken bekommen die Speere eine individuelle Note.

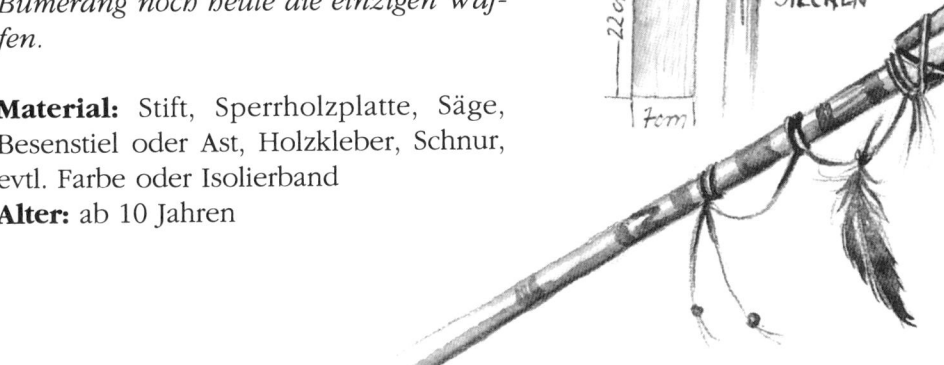

Bumerang

Der Bumerang war eine Jagdwaffe der australischen Ureinwohner. Wird er richtig geworfen, kehrt er rotierend in einer weiten Kurve zum Werfer zurück.

Material: Papier, Stift, Winkellineal, Sperrholzbrett, Raspel, Schleifpapier, evtl. Lackfarben
Alter: ab 12 Jahren

Der Bumerang ist ein mit einem Winkel von ca. 100 Grad gekrümmtes Wurfholz. Die Form der beiden Schenkel ähnelt den Tragflächen eines Flugzeuges. Zuerst fertigen wir uns eine Papierschablone. Mit einem Winkellineal werden die beiden Schenkel aufgezeichnet und mit der beabsichtigten Form umzogen. Das Papier wird zusammengefaltet und die halbe Bumerangform ausgeschnitten. Dieses Papiermuster wird auf ein ca. 12 mm dickes Sperrholzbrett übertragen, so daß die Form mit einer Laub- oder Stichsäge ausgeschnitten werden kann. Zum Abrunden der Kanten wird das Holz mit Schraubzwingen am Tisch befestigt, um es zu fixieren. Nun wird der Bumerang geraspelt, wie auf der Zeichnung dargestellt. In der Mitte wird das Teil gleichmäßig abgeflacht - bis zu den Enden verlagert sich die dickste Stelle auf der einen Seite nach außen und auf der anderen Seite nach innen. Die Rückseite des Bumerangs bleibt flach. Nach dem Raspeln wird das Wurfholz mit Schleifpapier geglättet und kann anschließend mit Lackfarben bemalt werden.

Beim Werfen wird der Bumerang mit der Wurfhand schräg nach außen gehalten und dabei mit der gewölbten Seite zum Körper gerichtet. Beim Wegschleudern bekommt er durch Herunterziehen des Handgelenkes den Drall, den er zum Rotieren braucht. Vorsicht beim Ausprobieren! Wir brauchen dazu ein großes freies Gelände, wo niemand gefährdet werden kann. Die Flugbahn des geschleuderten Bumerangs ist unberechenbar, und die Wucht, mit welcher er angeflogen kommt, ist so groß, daß man das Fangen zunächst nur mit einem Handschuh üben sollte.

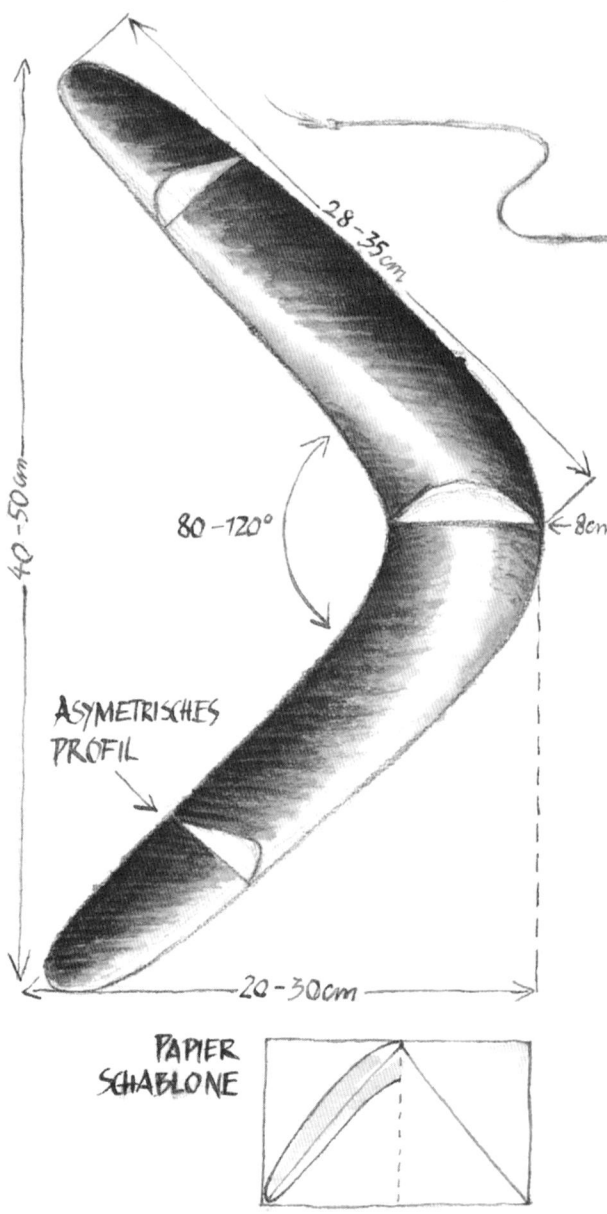

Bola

Mit Bolas jagten viele mittel- und südamerikanischen Indianerstämme. Es handelte sich dabei um schwere Kugeln aus Ton, Stein oder gefüllten Kürbissen, die meist zu dritt an einem langen Seil befestigt waren. Sie wurden den fliehenden Tieren zwischen die Beine geschleudert, um sie zum Sturz zu bringen.

Material: Leder- oder Stoffreste, roher Mais oder Sand, Nadel und Faden, Lederstreifen, 5 m stabile Schnur
Alter: ab 4 Jahren

Wir können mit einer harmlosen, selbstgebastelten Bola nicht nur unsere Geschicklichkeit erproben, sondern auch viele Spiele bestreiten. Aus einem runden Leder- oder Stoffstück von ca. 40 cm Durchmesser wird ein Beutel geformt, der mit Maiskörnern oder auch Sand gefüllt und zugenäht wird. Aus dem einen Ende einer ca. 5 m langen Schnur wird eine kleine Schlinge geknüpft. Durch diese wird ein dicker Lederstreifen gezogen und mit dem Beutel vernäht.

Für junge Indianer im Kindergarten-Alter empfiehlt sich aus Sicherheitsgründen eine Bola-Variante: Hierbei wird ein Socken ganz fest mit zerknülltem Zeitungspapier gefüllt, der an einem Ende mit einer ca. 2m langen Schnur verknotet wird.

Luftschuß

Das Originalspiel wurde von jungen und erwachsenen Indianern mit eigens aus Weiden geflochtenen Ringen praktiziert. Sie schossen dabei mit Pfeil und Bogen, um so ihre Gewandtheit und Zielsicherheit zu trainieren.

Material: Zeitungspapier, evtl. Draht, Klebeband, Schnur, Pfeile oder entspr. Stöckchen
Alter: ab 4 Jahren

Für den Zielring legt man zwei Doppelbögen Zeitungspapier aufeinander, rollt die Zeitung leicht schief auf, drückt die Wurst platt und schiebt die Enden ineinander, so daß ein schöner, großer Ring entsteht. Wird in die Zeitungsrolle ein Draht eingearbeitet, so erlangt der Zielring eine größere Stabilität. Die Nahtstelle wird mit Klebestreifen umwickelt. An dieser Stelle wird auch eine Schnur von etwa 1 m Länge befestigt. Wir suchen einen Baum aus, der einen möglichst weit ausladenden Ast besitzt, an dem wir den Ring anhängen können. Da uns das Schießen mit Pfeil und Bogen für das Spiel zu gefährlich ist, nehmen wir je Spieler drei Wurfpfeile. Dies können selbstgebastelte Pfeile oder Stöcke von etwa 50cm Länge sein. Nun begeben sich alle Spieler an die Abwurflinie, die etwa 2 Meter vom Ring entfernt ist. Von hier aus darf nun jeder Spieler seine Pfeile werfen, und zwar möglichst so, daß sie durch den Zeitungsring fliegen.

Ein Volk von Künstlern

Ich schreite dahin.
Vor mir ist Schönheit.
Hinter mir ist Schönheit.
Über mir ist Schönheit.
Ringsum ist Schönheit.
Meine Worte werden voller Schönheit sein.
Ich werde ewig leben in Schönheit.
Der Schönheit des Alls.

Gesang der Navajo

Die Indianer waren und sind Menschen mit großem Sinn für Schönheit. Der Schmuck bedeutete fast allen Indianern weit mehr als die Kleidung. Um ihren Reichtum und ihr Ansehen zur Schau zu stellen, trugen viele Indianer Nasenringe und Armreifen. Bei manchen Völkern im Amazonas-Dschungel war dies sogar die einzige Bekleidung. Bei anderen Völkern schmückten Ketten und Umhänge aus Perlen sowohl Frauen als auch Männer. Die spanischen Eroberer, die nur nackte Wilde erwartet hatten, staunten nicht wenig über die prächtig gekleideten und goldgeschmückten Menschen in Mexiko und Peru. Die aztekischen Herrscher und die Fürsten und Priester der Maya und Inka besaßen kostbarere Gewänder als die europäischen Kaiser und Könige. So trug zum Beispiel der letzte Aztekenherrscher Schuhe mit goldenen Sohlen, die obendrein noch mit wertvollen Edelsteinen besetzt waren. Es wird berichtet, daß die Herrscher der Azteken und der Inka dasselbe Kleid keine zwei Male anzogen. Sie trugen also jeden Tag ein neues Gewand. Vornehme Indianer der Hochkulturen hatten durchlöcherte Ohren, durch die sie goldene Ohrpflöcke steckten. Schon bei Kindern wurde die Ohrläppchen-Prozedur vorgenommen, damit sie später diese Schmuckstücke anlegen konnten. Die oft talergroßen Ohrscheiben wogen bis zu einem Pfund. Sie zogen die Ohrläppchen so sehr in die Länge, daß die Spanier die Inka deshalb Großohren nannten.

Die Waldindianer trugen bei feierlichen Anlässen breite Bänder, die sie Wampum nannten. Diese bestanden in alten Zeiten aus Muscheln, später aus Glasperlen. Sie dienten nicht nur als Schmuck, sondern auch als Zahlungsmittel; ähnlich wie bei den Weißen das Gold.

Nicht nur die Indianer, sondern auch die Indianerdörfer waren früher reich geschmückt - wesentlich bunter und farbenprächtiger als die Siedlungen der Weißen. Tipis, Hütten, Pferde, Schilder, ja selbst die Menschen waren bemalt. Die Indianer verstanden sich auf die Kunst, aus natürlichen Materialien wunderbar kräftige Farben herzustellen.

In der Indianerkultur waren auch Webkünste hoch entwickelt. Bei einigen Völkern fanden sogar regelmäßig Web-Wettbewerbe statt. Aus bunter Wolle entstanden kunstvollste Decken, Kleidung und Wandschmuck.

Ihre Gebrauchsgegenstände, wie Becher und Vorratsbehälter, töpferten die Indianer und entwickelten auch dabei große Kunstfertigkeit. Viele weiße Siedler kauften sich bei den Indianern diese Waren.

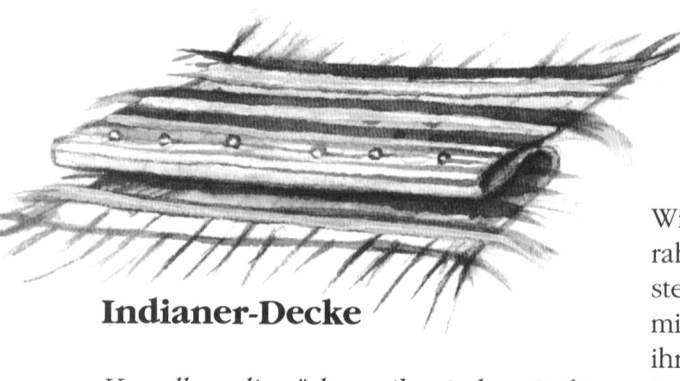

Indianer-Decke

Vor allem die südamerikanischen Indianer waren richtige Webe-Künstler. Nicht nur die Frauen, auch viele Männer webten Kleidung und Decken mit noch heute bewunderter Schönheit. Oft webten die Indianer dabei kleine Perlen oder Tonkügelchen ein.

Material: Äste, Schnur, Stoff- oder Lederstreifen, evtl. Perlen
Alter: ab 6 Jahren

Wandschmuck

Alle Indianerstämme hatten unterschiedliche Formen von Wandschmuck, mit teilweise abstrakten, teilweise auch figürlichen Darstellungen aufregender Geschichten von Jagd- und Kriegszügen.

Material: Äste, Schnur, Stoff, Wolle, Leder, Perlen, Naturmaterialien, Pappe (für Variante)
Alter: ab 6 Jahren / Variante ab 3 Jahren

Aus vier fingerdicken geraden Ästen wird ein Rechteck gelegt (ca. 40 x 60 cm) und mit der Paketschnur stabil gebunden. Im Abstand von ca. 1 cm werden Fäden ganz fest über den Webrahmen gebunden. In diesen können nun bunte Streifen aus Stoff, Wolle und Leder oder Gräser eingewebt werden.
Ganz junge Indianer können statt des

Wir können uns einen einfachen Webrahmen für Decken ganz leicht selbst basteln. Wir hängen einen fingerdicken Ast mit Schnüren so an einen Baum, daß wir ihn bequem erreichen können. An diesen binden wir wie bei einer Strickleiter einen zweiten Ast in ca. 50 cm Entfernung. Nun knoten wir senkrecht dazwischen in etwa fingerdickem Abstand so viele weitere Schnüre als Kettfäden, wie nötig. In den nun fertigen Webrahmen können wir bunte Stoff- und Lederstreifen waagrecht durch die Schnüre ziehen, bis schließlich eine Decke entsteht. Bereits bei der Einarbeitung der Fäden können kleine Perlen eingewebt werden.

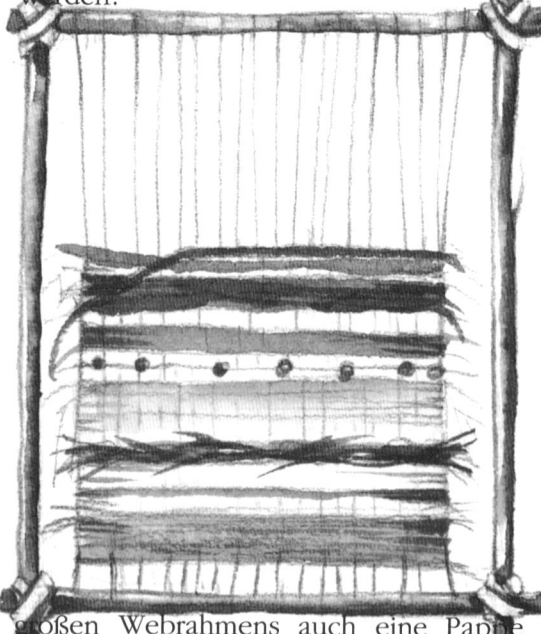

großen Webrahmens auch eine Pappe nehmen und diese auf zwei gegenüberliegenden Seiten in Abständen von ca. 1 cm jeweils ca. 1 cm tief einschneiden. Dann wird ein Faden im Zickzack-Verfahren durch die Ritzen gezogen. Auch hier kann nun alles Mögliche eingewoben werden.

Die Bemalung erfolgt gegenseitig auf Gesichtern, Armen und Beinen. Der Phantasie der Künstler sind dabei keine Grenzen gesetzt. Wer nicht die Zeit oder die Möglichkeit hat, die entsprechenden Farben selbst herzustellen, der kann auch handelsübliche Schminkfarben in den entsprechenden Farbtönen verwenden. Vor allem für Indianerfeste oder Fasching wird man sicher eher zu Schminkfarben greifen.

Unsere Farben werden durch die nachfolgenden Methoden gewonnen:

Schwarz: Kohle zerdrücken und im Mörser fein zermahlen. Mit wenigen Tropfen Speiseöl zu einer Paste vermischen.

Weiß: Vorgehensweise wie oben, nur mit Kreide, anstatt Kohle.

Grün: Vorgehensweise wie oben, jedoch mit saftigem, frischem, grünem Gras.

Rot: Vorgehensweise wie oben, hingegen mit verschiedenen Beerenfrüchten oder Hagebutten.

Gelb: Vorgehensweise wie oben, indes mit Karotten.

Blau: Vorgehensweise wie oben, unter Einarbeitung getrockneter Brombeeren.

Braun: Vorgehensweise wie oben, mit Hilfe gut getrockneter Rinde oder Kaffeebohnen.

Ketten

Auch Ketten wurden bei den Indianern, wie das Wampum, nicht nur als Schmuck, sondern bei vielen Stämmen zusätzlich als Zahlungsmittel eingesetzt. D.h., sie waren so etwas wie „indianisches Geld".

Material: Ton, Schaschlikspieß, Kork, Perlen, Naturmaterialien, Schnur, Farbe
Alter: ab 3 Jahren

Zur Herstellung von Ketten werden kleine Kugeln, Würfel und Scheiben aus Ton geformt, die wir alle in der Mitte durchbohren, bevor sie schließlich an der Luft in Ruhe austrocknen können. Ebenso wie Korkscheiben, Perlen und Naturmaterialien, können auch die so entstandenen Tonperlen bunt bemalt werden. Alles wird auf eine Schnur aus Baumwolle oder Leder aufgefädelt. An beiden Enden der Schnur werden Schlingen geknotet. Wird in eine der Schlingen eine Tonkugel mit eingebunden, entsteht ein einfacher, aber genialer Verschluß.

Schmuckanhänger

Anhänger aus seltenen Steinen waren bei den Indianern sehr beliebt, manchmal sagte man ihnen auch magische Kräfte nach. Vor allem Kinder bekamen von ihren Eltern solche Schmucksteine umgehängt, die sie beschützen und ihre Entwicklung fördern sollten.

Material: Steine in verschiedenen Farben und Größen, Draht, kleine Rundzange
Alter: ab 3 Jahren

Zunächst suchen wir einen Stein in geeigneter Größe und Färbung. Dann werden zwei Drahtstücke so zugeschnitten, daß sie etwa doppelt um den Stein gelegt werden können. Sie werden zusammengedreht, wie auf der Abbildung zu sehen ist. Dann werden die vier Enden auseinandergebogen und so um den Stein gelegt, daß sie ihn fest umschließen. Zum Schluß werden die oberen Enden zu einer Schlaufe verbunden.

Ohrringe

Bei den Indianern trugen Frauen wie Männer gleichermaßen schmuckvolle Ohrringe von zum Teil erheblichen Ausmaßen. Vor allem die südamerikanischen Indianer haben es im Herstellen von Ohrringen zu großer Kunstfertigkeit gebracht.

Material: Silberdraht, Rundzange, Perlen, Federn, Korken, Naturmaterialien
Alter: ab 4 Jahren

Ein 10 cm langes Stück Silberdraht wird an beiden Enden zu einer Schnecke aufgedreht, daß in der Mitte noch ca. 2 cm übrigbleiben. Um einen Clip zu erhalten, werden die beiden Schnecken sodann gegeneinander gedrückt. Für den Anhänger werden Perlen, Federn, Korken, Eicheln und andere Naturmaterialien mit Silberdraht am Clip befestigt. Aber Vorsicht: sie dürfen nicht zu schwer werden!

Blütenkranz

Blütenkränze wurden bei den Indianern vor allem für Tänze und rituelle Handlungen geflochten. Üblich war es aber auch, mit einem Blütenkranz Menschen, die man gerne mochte, zu beglücken. Indianer waren dafür bekannt, gerne Geschenke auszutauschen.

Material: Gänseblümchen, Margeriten und andere Wiesenblumen
Alter: ab 5 Jahren

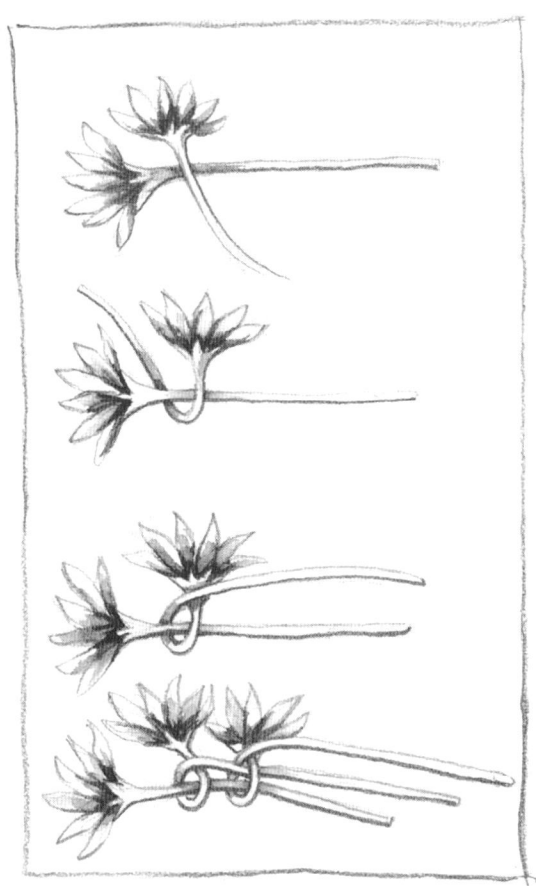

Wir können Blütenkränze ebenfalls für Tänze und zum Verschenken flechten. Es ist einfacher als man denkt. Ideal geeignet für einen Blumenkranz sind Gänseblümchen, Margeriten und andere Wiesenblumen. Die Blumen werden so abgebrochen, daß ein möglichst langer Stiel zurückbleibt. Wie auf der Zeichnung ersichtlich, können sie ineinander verflochten werden.

Mit kühnen Jägern auf der Pirsch

Wolf, der ich bin
In der Dunkelheit
im Lichte
wo immer ich auch spüre
wo immer ich auch laufe
wo immer ich auch stehe
alles
wird gut sein
denn Maheo
beschützt uns
Ea, ea ho

Lied eines Cheyenne-Kundschafters

Wampum

Ein Wampum wurde bei den Indianern als Gürtel oder Schärpe getragen. Gleichzeitig war es auch ein frühes Zahlungsmittel.

Material: Äste, Schnur, Stoff, Wolle, Glasperlen, Tonkügelchen
Alter: ab 6 Jahren

Für ein Wampum können wir uns einen Webrahmen basteln, der ebenso aussieht wie der Rahmen für den Wandschmuck, allerdings im Format ca. 20 x 120 cm. Die Fäden werden in einem Abstand von ca. 1,5 cm über den Webrahmen gebunden. Eingewebt werden bunte Streifen aus Stoff oder farbiger Wolle, die auch mit Glasperlen oder Tonkügelchen versehen sein können.

Armbänder

Armbänder dienten den Indianern nicht nur als Schmuck. Zusätzlich sollten sie Schutz gegen böse magische Kräfte bieten und dem Träger oder der Trägerin Mut machen.

Material: Leder- oder Stoffreste, Schnur, Lochzange, evtl. Filzstifte
Alter: ab 4 Jahren

Lederstreifen so zurechtschneiden, daß sie ca. 5 cm kürzer als der Armumfang sind. Dann an den beiden Enden mehrmals lochen und evtl. mit verschiedenen kleinen Lederresten bekleben. Zuletzt die Schnur durch die Löcher ziehen und wie bei Schuhen festbinden. Die Kinder helfen sich dabei am besten gegenseitig. Wer kein Leder hat, kann statt dessen auch Stoffreste nehmen, die z.B. mit Filzstiften bemalt werden können. Vor allem jüngere Kinder kommen so schneller zu einem eigenen Armband.

Kopfschmuck

Die mit Adlerfedern geschmückten Kriegshauben der Prärie-Indianer wurden in Europa so bekannt, daß sie geradezu als Kennzeichen aller Indianer galten. Tatsächlich wurden sie aber nur von Kriegern getragen, die sich besonders ausgezeichnet hatten. Die überlangen Federschmücke waren Häuptlingen vorbehalten.

Material: Wellpappe, Stoff oder Leder, Kartoffel- oder Lederstempel, Musterklammern oder Schnur, Federn oder Tonkarton, Schere
Alter: ab 4 Jahren

Jedes Kind nimmt einen Streifen Wellpappe, Stoff oder Leder und schneidet ihn so zurecht, daß er ca. 5 cm länger ist als der Kopfumfang. Mit Kartoffel- oder Lederstempeln wird der Streifen bedruckt. Dann wird er so um den Kopf gelegt, daß er straff aber nicht zu eng sitzt. Dort, wo er sich überlappt, wird er mit zwei Musterklammern oder mit Schnur verbunden. Auf Stoff oder Leder werden hinten und an den Seiten die Federn angeklebt, in Wellpappe können diese von oben her eingeschoben werden. Verschmutzte Federn werden sauber, wenn wir sie vorsichtig in Seifenwasser reinigen und an der Luft trocknen lassen. Alternativ dazu können auch Federn aus Tonkarton ausgeschnitten werden.

Gesichtsbemalung

Bei einigen Stämmen war es üblich, sich regelmäßig die Gesichter zu bemalen. Andere bemalten sich die Gesichter nur, um sich auf Kriegs- oder Jagdzüge zu begeben oder rituelle Feste zu feiern. Die Farben wurden aus verschiedenen Naturmaterialien hergestellt und in Tontöpfen aufbewahrt.

Material: Speiseöl, Kohle, Kreide, Gras, Beerenfrüchte, Hagebutten, Karotten, getrocknete Brombeeren, Rinde, Kaffeebohnen, Mörser
Alter: ab 4 Jahren

Der Morgen graut über der Prärie. Tausende von Büffeln grasen auf der unendlichen Weide. Ein Bild des Friedens. Doch plötzlich kommt Unruhe in die Tiere. Am südlichen Rand der Herde gibt es plötzlich rasche Bewegungen. Rund ein Dutzend mutiger Jäger wirft die Büffelfelle ab, unter deren Tarnung sie sich im Schutze der Nacht ganz dicht an die Herde herangeschlichen haben. Sie heben ihre Bögen und Lanzen. Schnell sausen Pfeile von den Sehnen, einige Büffel knicken ein, die anderen ergreift eine wilde Panik, die sich sofort auf die ganze Herde überträgt. In wenigen Minuten sind die großen, massigen Tiere in einer wilden, staubaufwirbelnden Jagd in Richtung Norden auf und davon. Aus dem nahegelegenen Wald strömen Frauen und Kinder der Indianer und beginnen mit dem Zerteilen der erlegten Beute.

Die nomadisch lebenden Völker in den Plains und Prärien kannten vor allem eine Jagdbeute: Der Büffel bot einerseits ausreichend Nahrung, andererseits gab das Tier ihnen alles, was sie zur Herstellung von Kleidung und Geräten benötigten. Ein erlegtes Tier wurde buchstäblich vom Horn bis zu den Schwanzhaaren verwertet. Hinzu kamen andere Tiere wie Antilopen, auch als Pronghorn bezeichnet, im östlichen Waldland der häufig anzutreffende Weißschwanzhirsch, Baumstachler, und, nicht zu vergessen, natürlich Bären, Otter und der Adler. Verwendet wurde letztlich nahezu alles, was die Natur bot.

Die Büffeljagd (bevor die Weißen die Pferde einführten, fand sie zu Fuß statt) war kein leichtes Unterfangen. Die mächtigen Tiere waren ständig in Bewegung und erstaunlich schnell. Da sie schneller laufen konnten als jeder Mensch, konnte eine riesige, viele tausend Büffel umfassende Herde über Nacht verschwunden sein. Der Umstand, daß die früheren Plains-Bewohner kein größeres Lasttier als den Hund hatten, schränkte ihre Jagderfolge erheblich ein. Große Jagdzüge waren kaum möglich. Sie konnten nur wenig mitführen und daher keine materielle Kultur entwickeln. Die Unfähigkeit, größere Gegenstände zu befördern, beschränkte auch ihre Möglichkeiten beim Bau einer Wohnstätte. Für die geräumigen, bequemen Tipis der späteren Zeit waren nicht nur mehrere Büffelhäute nötig, sondern auch bis zu 20 lange Holzstangen. Weder Hunde noch Menschen hätten all dies über größere Entfernungen transportieren können.

Die Jäger lauerten ihrer Beute deshalb geduldig auf allen vieren kriechend, durch Felle und Geweihe getarnt auf. Aber selbst wenn es ihnen auf diese Weise gelang, nahe genug heranzukommen, um einen Büffel mit dem Pfeil zu treffen, entkam das verwundete Tier häufig. Eine bessere Art, größere Mengen von Fleisch zu erbeuten, war es, eine Herde über einen Felsabsturz zu treiben. Die Büffel wurden in panischer Flucht in eine trichterförmig verengte Bahn aus Felsblöcken getrieben. Männer und Frauen schreckten sie mit hin und her geschwenkten Zweigen und Fellen, schrien und lärmten, so laut sie konnten, und jagten die verstörten Tiere durch die Bahn in den Tod. Sofort nach der Erlegung des Tieres wurde es gemeinsam von Männern, Frauen und Kindern enthäutet und zerlegt. Dabei naschten alle von Leber, Nieren und Gehirn. Teilweise wurde das frische Fleisch an einem Holzspieß über dem Feuer geröstet, teilweise aber auch mit Gemüse, zum Beispiel mit wilden Rüben, gekocht. Eine Art Wurst stellten die Indianer her, indem sie Büffeleingeweide mit Fleisch und Gewürzen füllten. Das nicht sofort verzehrte Fleisch wurde in Streifen geschnitten und an Stangen getrocknet. So hielt es sich über lange Zeit und konnte dann später aufgebrüht werden. Auf diese Weise legten sich die Indianer im Herbst einen Wintervorrat an.

Der Büffel lieferte aber nicht nur Nahrung, sondern auch Bekleidung und andere nützliche Dinge. Vor der Anfertigung von Kleidern mußte man das Büffelfell präparieren. Als erstes wurde das Fell auf dem Boden festgepflockt oder auf einen Rahmen gespannt. Das Fleisch wurde von der Innenseite, die Haare von der Außenseite abgekratzt. Dann rieb man die Innenseite der gesäuberten Haut mehrfach mit einer Mischung aus Leber, Fett und Gehirn ein und wusch die Haut im Fluß ab. Zum Schluß wurde das Leder weich und elastisch gemacht, indem man es durch die Schlinge eines am Pfahl befestigten Seiles hin und her zog.

Später dann, als die Indianer die Pferde von den Weißen übernahmen, fanden die Büffeljagden vorwiegend zu Pferde statt. Ein Indianer konnte so in wenigen Tagen einen halben Jahresbedarf an Büffeln erjagen. Das „Goldene" Zeitalter der großen Jagdzüge begann - das nur rund 150 Jahre später wieder zum Sterben verurteilt war. Die Indianer endeten in den Reservaten, und die Büffel waren von den weißen Jägern nahezu ausgerottet. Pferde spielten auch für die mittel- und südamerikanischen Indianer eine wichtige Rolle: Als der spanische Bandit Cortez mit seiner Bande von Abenteurern auszog, um das große Aztekenreich zu erobern, jagten die Pferde der Spanier den mexikanischen Ureinwohnern Grauen ein. Zuerst meinten die Indianer, Roß und Reiter wären ein merkwürdiges, übernatürliches Ungeheuer, halb Mensch, halb Tier. Einer von Cortez' Begleitern schildert den Triumph der Indianer, als es ihnen gelang, ein Pferd zu töten und dadurch zu entdecken, daß es sterblich war. Dabei entstand auch die Erkenntnis, daß die Spanier, diese furchterregenden, weißen, bärtigen Götter, letzten Endes nur Menschen waren. Die Spanier wußten sehr wohl, daß sie ihre Siege dem Umstand verdankten, daß sie beritten waren. Per Gesetz verboten sie den Indianern, Pferde zu besitzen oder Reiten zu lernen.

Pferdeleine

Die Indianer kannten keine Sättel und kein kompliziertes Zaumzeug. Sie hatten ihre Mustangs so gut ausgebildet und waren so gute Reiter, daß sie auf dem nackten Pferderücken mit einer einfachen Pferdeleine oder sogar ohne jedes Zaumzeug abenteuerliche Kunststücke vollbringen konnten.

Material: Stoffband
Alter: ab 3 Jahren

Für unsere Pferdeleine, die wir für viele Spiele benützen können, brauchen wir nur ein ca. 200 bis 250 cm langes 3-4cm breites Stoffband, dessen Enden wir zusammenknoten, so daß wir einen geschlossenen Ring erhalten. Schon ist die Leine fertig. Angelegt wird sie ganz einfach. Der Reiter nimmt ein Ende des Stoff-Rings in beide Hände. Das Pferd steigt hinein, so daß die Schlinge unter seinen Armen nach hinten zum Reiter führt. Dann legt es sich die Leine von der Brust über den Kopf nach hinten auf die Schulter, und die wilde Jagd kann losgehen. Durch Ziehen an der rechten oder linken Seite kann das Pferd gelenkt werden. Wichtig ist, daß sich Pferd und Reiter perfekt aufeinander einstellen, nur so können sie erfolgreiche Jagdzüge unternehmen.

Bisonjagd

Niemand weiß, wie viele Bisonherden einst die Prärie bevölkerten. Manche Wissenschaftler sprechen von über 60 Millionen Tieren. Augenzeugen haben berichtet, daß im Spätsommer zur Paarungszeit die Prärie, soweit das Auge reichte, schwarz war von den riesigen Herden. Die Wege der Büffelherden ließen sich nicht vorhersagen. Jeden Winter zogen sie Hunderte von Kilometern nach Süden und kehrten im folgenden Sommer wieder zurück. Dies geschah jedoch niemals auf gleichem Wege. Es waren rätselhafte Tiere. Die Jäger konnten sie nicht erwarten, denn niemand wußte, wann und wo sie auftauchen würden. Aber eines Tages waren sie immer da. Sobald die Kundschafter eine ziehende Herde ausfindig gemacht hatten, konnte die erste Sommerjagd beginnen.

Material: -
Alter: ab 7 Jahren / Variante ab 4 Jahren

Etwa ein Viertel der rund zwanzig Spieler verkörpert die Büffelkühe. Sie bilden einen lockeren Kreis, so daß sich ihre ausgestreckten Arme gerade nicht mehr berühren können. Ein kleiner Ball in der Mitte des Kreises stellt das kleine hilflose Kalb dar: das Ziel der Jagd. Je ein weiterer Spieler (d.h. ein weiteres Viertel) faßt eine Büffelkuh an der Hand und wird damit zum Büffelbullen. Die restliche Hälfte der Spieler bildet Paare. Einer steigt auf den Rücken des anderen. Er ist der indianische Jäger, sein Partner ein wilder Mustang. Die Indianer versuchen, in den Kreis einzudringen und das Büffelkalb zu fangen, indem sie den Ball wegschlagen. Werden sie allerdings bei ihrem Durchbruch durch den Verteidigungsring der Büffel von einem Bullen berührt, müssen sie sich zurückziehen und die Rollen tauschen. Die Bullen dürfen die Hand der Kuh nicht loslassen, während die Kühe sich nicht von der Stelle bewegen dürfen. So richtig Spaß macht das Spiel erst mit lautem Indianergeheul, Pferdewiehern und Büffelgebrüll.

Für jüngere Kinder im Kindergartenalter gibt es eine Variante: Der Jäger sitzt nicht auf dem Rücken seines Mustangs, sondern führt ihn mit einer Pferdeleine (siehe Bastelanleitung).

Travois

In jenen längst versunkenen Tagen, als es noch niemanden gab, der ihre Geschichte hätte niederschreiben können, kannten die Indianer kein Haustier außer dem Hund. Manche Stämme aßen Hunde, aber vor allem wurden sie als Lasttiere benützt. Zwei Stangen, in der Form eines V zusammengebunden, wurden mit der Spitze an den Schultern des Hundes befestigt. Ein Bündel von 20 bis 40 Kilo wurde hinter dem Hund quer über die Stangen geschnürt, deren Enden über den Boden schleiften. Diese Schleppvorrichtung nannte man Travois. Alle Besitztümer der Familie mußten in den wenigen Bündeln Platz finden, die ihre Hunde schleppen oder auf den Schultern tragen konnten.

Material: zwei ca. 1,5 m lange Stangen, zwei Aststücke, Schnur, Kartoffelsack oder fester Stoff
Alter: ab 6 Jahren

Wir können für einen echten Indianer-Jagdzug selbst einen Travois bauen. Zwei ca. 1,50 lange Stangen werden an den Spitzen zusammengebunden. Ca. 30 cm von den anderen Enden entfernt binden wir ein ca. 80 cm langes Aststück quer dazwischen, parallel dazu in Richtung Spitze kommt in rund 40 cm Entfernung noch einmal ein kürzeres Aststück. Über dieses Trapez wird nun ein alter Kartoffelsack gelegt, den wir festbinden oder, noch besser, festnähen. Der Kartoffelsack sollte gut gespannt sein, damit er später mit der Ladung nicht auf dem Boden schleift. Auf diesem Travois kann jetzt unser Gepäck transportiert werden. Ziehen müssen wir ihn allerdings selbst.

Wenn unser Indianerstamm einen großen, starken Hund hat, können wir diese Aufgabe natürlich auch ihm überlassen. Das ist keine Tierquälerei, wenn wir ein Brustgeschirr verwenden. Auf keinen Fall darf man das Travois am Halsband festknoten, sonst wird dem armen Tier die Kehle zugeschnürt.

Stroh-Boot der Chimu

An der Pazifikküste Perus leben seit Jahrhunderten die Chimu. Diese Küste ist wegen des kalten Humboldtstromes sehr fischreich, so daß die Chimu seit Urzeiten ausschließlich vom Fischfang leben. Sie benützen dazu Netze oder Schnüre mit Haken. Zum Fischen setzen die Chimu ein Boot aus getrocknetem Schilfrohr-Stroh ein. Dieses Schilfrohr wird in den verbreiteten Küstensümpfen geerntet. Die einzelnen Bündel werden zu einer nach vorn spitz zulaufenden Kerze verbunden und die Spitze nach oben gebogen. Um das Gefährt zu lenken, sitzt der Fischer rittlings auf dem Boot. Noch heute sind diese Boote in Peru zu sehen.

Material: Stroh, stabile Schnur
Alter: ab 8 Jahren

Wir können uns, wenn wir eine stabile Schnur und ein paar Ballen Stroh vom Bauern bekommen können, selbst ein fahrtüchtiges Boot bauen. Die Originalboote sind bis 5 Meter lang. Für uns tut es jedoch auch ein Boot von zwei Metern Länge. Mit wenig Stroh können wir nach der gleichen Methode ein ca. 40 cm langes Modellboot bauen, das ebenso gut schwimmt wie seine großen Brüder.

Indianerstafette

Für die Indianer war die Kunst, sich in fremdem Gelände möglichst lautlos und unauffällig bewegen zu können, überlebenswichtig. Ein Indianer, der sich bei der Jagd nicht absolut geräuschlos an seine Beute heranpirschte, ging meist hungrig nach Hause. Deshalb übten die Indianer das Anschleichen und Verstecken in der Natur schon als Kinder, bis sie es schließlich als Erwachsene zu vollendeter Perfektion brachten.

Material: -
Alter: ab 7 Jahren

Durch ein von drei Schiedsrichtern besetztes Waldstück ist von mehreren Trupps (je ca. 4 Spieler) eine Nachricht zu bringen. Gleichgültig, auf welche Weise dies geschieht. Fehlerloses Überbringen ergibt 10 Punkte, der schnellste Trupp erhält 3 Punkte zusätzlich. Für jeden von einem Schiedsrichter gesichteten Indianer gibt es einen **Punkt Abzug.** Zuerst verteilen sich die Trupps im Gelände. Sind die Schiedsrichter vom Spielleiter zu ihrem Beobachtungsplatz geführt worden - dabei haben sie die Augen verbunden - kann das Spiel beginnen.

Hundeschlitten

Ein beliebtes Spiel der Inuit-Kinder, die sich auf Holzplanken durch den Schnee ziehen ließen. Denn die Kunst, einen Schlitten, der von einem Dutzend wilder Hunde in rasender Geschwindigkeit durch den Schnee gezogen wird, nicht unfreiwillig zu verlassen, war wichtig für die Bewohner der Eiswüste. Wer allein unterwegs war und vom Schlitten fiel, der mußte unter Umständen jämmerlich erfrieren, da die Hunde nicht stehenblieben, sondern führerlos weiterrasten.

Material: Seil, Skateboard, Halstuch oder Papiertüte
Alter: ab 7 Jahren

Wir können unseren Hundeschlitten auch ohne Schnee fahren lassen. Ein Spieler steht auf einem Skateboard und hält ein Seil. Vier bis fünf andere Spieler werden zu Schlittenhunden und ergreifen das andere Seilende. Dann geht die Reise los. Wem seine Hunde zu wild sind, der kann ihnen Papiertüten über den Kopf stülpen oder die Augen verbinden.

Schlangentanz

Dies ist eines der Spiele, mit dem Indianer-Kinder ihre Fähigkeit schulten, Geräusche zu erkennen und zuzuordnen.

Material: Halstücher zum Augenverbinden, zwei Rasseln oder Konservendosen
Alter: ab 4 Jahren

Ein weiteres Spiel, das hilft, die Ohren zu schärfen. Es gilt, aus einer Geräuschkulisse die richtigen Töne herauszufiltern.
Zwei Spieler werden in Klapperschlangen verwandelt, indem man ihnen eine Schnur um den Bauch bindet, an deren herabhängenden Enden zwei Rasseln oder alte Konservendosen klappern. Den Klapperschlangen werden die Augen verbunden, um sie dann einige Meter voneinander entfernt aufzustellen. Für die Klapperschlangen heißt es nun, sehr gut die Ohren spitzen. Sie müssen nämlich versuchen, möglichst rasch zueinander zu finden. Dies wäre nicht allzu schwer, wären da nicht die anderen Spieler. Die machen jetzt möglichst viel Krach und versuchen, die Schlangen durch so manches Ablenkungsmanöver auf eine falsche Fährte zu bringen. Haben sich die beiden Klapperschlangen aber endlich doch gefunden, dann dürfen sie zwei andere Kinder bestimmen, die nun ihre Rolle übernehmen.

Pemmikan

Da Trockenfleisch alleine auf längeren Jagdzügen keine ausreichende Versorgung mit Vitaminen garantierte, stellten die Indianer in großen Mengen Pemmikan her, eine Art Nahrungs- und Vitaminkonzentrat.

Zutaten: 500 g Trockenfleisch, 500 g Speck, je ein Teel. Salz, Pfeffer, Paprika, Kräuter und getrocknetes Obst nach Wahl
Alter: ab 4 Jahren

Die Speckwürfel werden in einer Pfanne oder einem Topf bei schwacher Hitze langsam ausgelassen (auf gar keinen Fall darf das Fett kochen!). Dann wird das Trockenfleisch bis fast zur Pulverform in einem Mörser oder mit einem Stein auf einer Steinplatte zerkleinert und mit dem speck im Verhältnis 1:1 gemischt. Würzen kann man mit Pfeffer, Salz, Paprika und allen Arten von Kräutern. Auch getrocknete Beeren können darunter gemischt werden. Ist das Ganze ausgekühlt, wird es am besten in kleinen Lederbeuteln verpackt. Man kann Pemmikan kalt zu Brot und Tee essen, aber auch heiß überbrüht zu Polenta oder Reis.

Trockenfleisch

Die Indianer konnten oftmals nur in wenigen Wochen des Jahres erfolgreich jagen. Wollten sie während des ganzen Jahres Fleisch essen, so mußten sie es haltbar machen. Eine verbreitete Methode war das Trocknen. So konnten sie auch für lange Jagdzüge genügend Vorräte mitnehmen.

Material: nicht zu mageres Rind- oder Schweinefleisch am Stück, Schnur
Alter: ab 4 Jahren

Man schneidet Fleisch in zentimeterdicke Streifen, die man an die Sonne hängt, bis sie hart und trocken sind. Diese Streifen können dann bei Jagdzügen als Verpflegung mitgenommen werden.

Pfeifer und Jäger

Die Jagdbeute anhand von Geräuschen zu erkennen war wichtig für die Indianer. Sie konnten nicht wie ein Sturm durchs Unterholz preschen, um Hirsche und andere Tiere zu erlegen. Oft war das Anschleichen an die Beute eine Sache von mehreren Stunden, die viel Geduld und absolut geräuschlose Bewegung erforderte. Man mußte das Wild frühzeitig erkennen, die Windrichtung bestimmen und sich unter Umständen im langen Bogen anschleichen und dabei immer wieder verharren, um den Standort der Tiere nicht aus den Augen bzw. Ohren zu verlieren.

Material: -
Alter: ab 6 Jahren

In einem Wald versteckt sich die eine Hälfte der Spieler. Sie sind die Pfeifer. Ihre Aufgabe ist es - das wird von den Schiedsrichtern genau kontrolliert - alle drei Minuten einen kurzen, aber lauten Pfeifton von sich zu geben. Der andere Teil der Gruppe, die Jäger, versuchen, die Pfeifer zu finden und abzuschlagen, d.h., mit einer Hand zu berühren. Wer abgeschlagen wurde, kommt zur Sammelstelle. Nach 20 Minuten brüllen alle Spieler mehrmals laut „Haguh", damit es auch der letzte versteckte Pfeifer hört und sein Versteck verläßt.

Tarnspiel

Indianer mußten sich nicht nur völlig geräuschlos, sondern auch so gut wie unsichtbar bewegen können. Wenn die Jagdbeute einen zu früh erkannte, war die Jagd verpatzt und man mußte mit knurrendem Magen ins heimische Tipi zurückkehren.

Bogenstechen

Bogenstechen spielten die Indianer mit bogenförmig in die Erde gesteckten Zweigen und langen Stöcken. Es schulte die Fähigkeit, mit der Lanze aus vollem Galopp vom Pferde aus kleine Beutetiere zu treffen.

Material: Weidenzweige, Stöcke
Alter: ab 3 Jahren

Für jeden Mitspieler wird ein ca. 60 cm langer Weidenzweig mit beiden Enden so in den Boden gesteckt, daß er einen halbkreisförmigen Bogen bildet. In rund 30 m Entfernung starten die Wettläufer mit jeweils einem langen Stock in der Hand. Gewonnen hat, wer als erster einen der Bogen aus dem Boden lupft.

Material: -
Alter: ab 4 Jahren

Bei unserem Tarnspiel gibt es zwei Indianerstämme. Ein Stamm hat fünf Minuten Zeit, sich zu verkleiden (Zweige, Tragen von Strauchwerk, etc.). Die so Getarnten hocken sich in 30 m Entfernung hin. Der andere Stamm versucht, ohne sich von der Stelle zu bewegen, möglichst viele mit Namen zu erraten.

Abenteuer im Waldlabyrinth

Manche Tiere wurden nachts bejagt. Die Indianer mußten deshalb auch in einem stockfinsteren Wald mutig und sicher auf die Pirsch gehen. Bei einigen Stämmen galt es als wichtige Mutprobe für junge Jäger, nachts durch unbekannte Waldstücke zu schleichen.

Material: Schnur
Alter: ab 7 Jahren / Variante ab 3 Jahren

Dieses Spiel eignet sich ausschließlich für ganz mutige Indianer, denn gespielt wird bei Dunkelheit! Der Spielleiter hat, natürlich noch bei Tageslicht, in einem Waldstück mit dichtstehenden Bäumen ein Labyrinth ausgelegt. Dazu bindet er ein Ende einer Schnur am Startbaum fest, führt die Schnur zum nächsten Baum, wickelt sie einmal herum, von dort zum nächsten Baum usw. bis zum Ende der Schnur. Der erste Spieler startet, alle drei Minuten folgt der nächste Indianer. Ganz schön unheimlich, dieses Spiel. Man tastet sich langsam und vorsichtig der gespannten Schnur entlang durch die finstere Einsamkeit. Ein tolles Erlebnis für alle - und welche Freude, wenn man sich am Zielbaum wiederfindet!
Für jüngere Kinder gibt es eine einfachere Variante: Auf einem Spaziergang oder Ausflug findet das Abenteuer nicht bei Dunkelheit, sondern am hellichten Tag in einem kleinen Waldstück statt. Je zwei Kinder (ein Jüngeres und ein Älteres) gehen zusammen.

Jagd auf den schwarzen Mustang

Wir haben schon gelesen, daß die Indianer keine Pferde kannten, bevor die Weißen kamen. Doch bereits nach wenigen Generationen hatten sie sich zu ausgezeichneten Reitern und erflogreichen Züchtern entwickelt. Immer wieder jedoch mußten sich die Indianer auch neue Wildpferde fangen, sei es für die Zucht, oder weil ein junger Indianer noch kein eigenes Pferd hatte. Ein Indianer, der ein bestimmtes Wildpferd zähmen wollte, mußte es oft tagelang verfolgen, bis es ihm gelang, dieses mit dem Seil einzufangen.

Material: Reisig, Schnur
Alter: ab 3 Jahren

Ein Büschel Reisig wird zusammengebunden und so am Gürtel eines Spielers befestigt, daß es wie ein Schwanz hinter ihm auf den Boden hängt. Alle jagen diesen schwarzen Mustang. Wer ihm auf den Schwanz treten kann, hat ihn eingefangen. Er bekommt darauffolgend das Schwanzbüschel an den Gürtel gehängt und ist nun selbst der schwarze Mustang. Wer bei der Jagd auf den schwarzen Mustang vom umherschwirrenden Schweif getroffen wird, erstarrt auf der Stelle und darf erst wieder weiterspielen, wenn der Mustang gefangen wurde. Welcher Mustang schafft es, alle Jäger zu erwischen?

Köstlichkeiten aus der Indianerküche

Erst wenn Ihr
das letzte Stückchen Erde
zerstört habt,
werdet Ihr sehen,
daß man Geld
nicht essen kann.

Indianische Weisheit

Die Ernährung der Indianer war so unterschiedlich wie auch ihre jeweilige Umgebung. Die Indianer der Küste und die Inuit in Kanada und Alaska lebten vor allem vom Fischfang, die Bewohner der großen Steppen jagten die Büffel, und die Indianer anderer Gebiete lebten vor allem vom Maisanbau. Da es aber auf Dauer sehr eintönig war, sich ausschließlich von Fleisch, Fisch oder Mais zu ernähren, sammelten alle Indianer zusätzliche Nahrungsmittel. Viele Sorten von Beeren und Früchten, darunter wilde Trauben, Kirschen und Pflaumen, konnten sie finden. Dazu kam wilder Reis, kamen Eicheln und Feigenkakteen. Auch Gewürze, wie z.B. Salbei, kannten die Indianer bereits. Wild wachsende Zwiebeln und Erbsen erweiterten den Speiseplan. Wilde Steckrüben galten als besondere Delikatesse. Sie wurden in heißer Asche gebraten und heiß gegessen oder aber getrocknet und aufbewahrt. Manche Indianer pflanzten auch Bohnen, verschiedene Kürbisarten und Sonnenblumen.

Allen indianischen Rezepten ist es gemein, daß die Speisen sehr schonend zubereitet werden und dadurch einen hohen Anteil wertvoller Inhaltsstoffe (Vitamine, Mineralien, etc.) behalten. Salz wurde nur in ganz geringen Mengen verwendet. So ist die echte indianische Küche auch für Vollwert-Verwöhnte durchaus akzeptabel und eine Bereicherung des Speisezettels.

Einheimisches Wildgemüse

Wir können auch, wie die Indianer, in der direkten Umgebung nach eßbaren Pflanzen suchen. Folgende einheimische Pflanzen können als Gemüse, Salat oder Kräuter in unserer Indianerküche Verwendung finden. Die genaue Bestimmung erfolgt am besten nach einem guten Pflanzenführer. Pflanzen, die an Straßenrändern wachsen, meiden wir, da sie in der Regel zu viele schädliche Stoffe aus den Autoabgasen aufgenommen haben. Einheimische Wildpflanzen, die für die Indianerküche geeignet sind:

Wegerich	Gemüse
Wiesenkopf	Suppengemüse, Salat
Sauerampfer	Salat und Gemüse (vor der Blüte!)
Sauerklee	zu Gemüse und Salat (nur wenig!)
Löwenzahn	Salat und Gemüse
Gänseblume	Würzmittel für Kartoffelsalat und Gemüse
Hederich	wie Spinat (die unteren Blätter)
Kohlkratzdistel	zu Gemüse (nur zarte Blätter!)
Natterkopf	wie Spinat
Bachbunge	Gemüsewürze
Scharbockskraut	wie Spinat
Brennessel	wie Spinat
Klette	wie Spargel (ungeschält)
Hopfen	wie Spargel (solange ohne Blätter)
Pfeilkraut	Gemüse (junge Wurzelknollen)
Nachtkerze	wie Sellerie (Wurzeln)
Rapunzel	Salat (Herbst oder Frühjahr)
Wiesenschaumkraut	Suppengemüse (Rosettenblätter)
Bibernelle	Suppengemüse, Salat
Guter Heinrich	Suppengemüse
Gänsefingerkraut	Suppengemüse (solange zart)
Tripmadam	zu Gemüse
Fetthenne	Salat

Vorsicht: Einzelne Arten können unter Naturschutz stehen. Deshalb immer nur mit einem aktuellen Bestimmungsbuch auf die Suche gehen!

Bannock

Bannock ist seit Jahrhunderten eines der wesentlichen Grundnahrungsmittel nicht nur der Indianer, sondern aller Menschen in der Wildnis.

Zutaten: 1 kg Mehl, 2 Eßl. Backpulver, 2 Teel. Salz, 1/2 l Wasser

Zubereitung: Aus allen Zutaten wird ein Teig geknetet und etwa fingerdicke Fladen geformt. Diese bäckt man in der Pfanne oder auf einem im Feuer erhitzten Stein tief braun (etwa 5 - 10 Minuten pro Seite). Die Backfläche dabei ganz leicht anfetten.
Es gibt Dutzende von Möglichkeiten, Bannock zu variieren. Hier nur einige Zutaten, die schmackhaft sind: Vollkornmehl, Schrot, Haferflocken, Kleieflocken, Milchpulver, Eipulver, Erdnüsse, Beeren, Rosinen, Speck.
Am besten ißt man Bannock in frischem Zustand; trotzdem wird man in der Regel gleich mehrere Fladen auf einmal backen, um den Proviantsack füllen zu können.

Polenta

Polenta, d.h. Maisgries, war bei nahezu allen Indianern ein Grundnahrungsmittel und wurde in vielen verschiedenen Variationen zubereitet.

Zutaten: je Person 1/2 Tasse Polenta, 1 Tasse Wasser, Salz

Zubereitung: Alle Zutaten in einem Topf ca. 20 Minuten kochen. Als Ergänzung können auch Trockenfleisch, Pemmikan oder alle Arten getrocknetes Gemüse mitgekocht werden.
Variante: 2 Teile Polenta auf 1 Teil Wasser geben, kochen wie oben beschrieben. Dann auf einem Blech oder einem Stein auf Fingerdicke ausstreichen, erkalten lassen und in ca. 5 x 5 cm große Stücke schneiden oder mit Plätzchenformen wie z.B. Kreis, Dreieck, Mond, Tanne u.ä. ausstechen. Diese Schnitten können entweder kalt gegessen oder auf heißen Steinen angebraten werden.

Jambalaia

Jambalaia war ein Gericht der nordostamerikanischen Indianervölker. Es gibt heute noch Hunderte von Variationen, die in vielen modernen amerikanischen Küchen oft auf dem Speiseplan stehen.

Zutaten für vier Portionen: 120g Reis, 4 Teel. Öl, 1/2 l Gemüsebrühe, 120 g gegrilltes Hähnchenfleisch, 120 g gekochter Schinken, 200 g Zwiebeln, 200 g Paprika, Pfeffer, Salz, 400 g Tomaten, 1 Teel. Thymian, 1 Teel. Oregano, 1 Teel. Basilikum

Zubereitung: Reis in 2 Teel. Öl glasig dünsten, mit der Gemüsebrühe auffüllen und auf kleiner Flamme ca. 20-30 Minuten garen. Hähnchenfleisch und Schinken sehr klein schneiden und unter den Reis mischen. Zwiebeln und Paprika würfeln, in dem restlichen Öl anbraten. Tomaten enthäuten und entkernen, klein schneiden. Zum übrigen Gemüse geben und pfeffern und salzen. Gemüse mit dem Reis vermischen und alles mit Kräutern abschmecken.

Maistortillas mit Salsa cruda

Ein südamerikanisches Gericht. Tortillas, eine Art Pfannkuchen aus Maismehl sind dort eine Standardspeise wie bei uns das Brot. Sie werden süß und vor allem salzig mit scharfen Beilagen gegessen.

Zutaten für vier Personen: Teig: 120g Maismehl, 2 Eier, 1/8 l Milch, Salz, 2 Teel. Olivenöl zum Ausbacken
Füllung: 480 g Hackfleisch, 2 Teel. Olivenöl, 2 Knoblauchzehen, zerdrückt, 200 g Zwiebeln, gewürfelt, 200 g grüne Paprikaschoten, gewürfelt, 1 Eßl. Worcestershiresauce
Salsa cruda: 400 g Tomaten aus der Dose, Chilipulver nach Geschmack, Salz, Pfeffer, Paprika, 60 g geriebener Käse

Zubereitung: Für den Teig Maismehl, Eier, Milch und Salz verquirlen. Je 1/2 Teel. Öl in einer Pfanne erhitzen, Teig einfüllen und vier dünne Tortillas backen.
Für die Füllung das Hackfleisch in dem Öl kräftig anbraten, Knoblauch, Zwiebel und Paprikawürfel zufügen und alles unter ständigem Rühren weiterbraten. Füllung mit Worcestershiresauce abschmecken und auf den Tortillas verteilen. Tortillas aufrollen und in einer entsprechend großen feuerfesten Form nebeneinanderlegen.
Für die Salsa die Tomaten mit Saft und den Gewürzen aufkochen. Sauce gut durchrühren und über die Tortillas gießen. Käse darüberstreuen und die Tortillas im vorgeheizten Backofen oder unter dem Grill überbacken, bis der Käse geschmolzen ist.

Chilenische Bohnen mit Kürbis und Mais

Bohnen, Kürbis und Mais waren die Grundnahrungsmittel der südamerikanischen Indianer.

Zutaten für zwei Personen: 50 g Zwiebeln, feingehackt, 1 Knoblauchzehe, feingehackt, 2 Teel. Olivenöl, 100 g Tomaten, geschält, entkernt und zerkleinert, 1 Teel. Basilikum, 1/2 Teel. Oregano, Pfeffer, Salz, 250 g Kürbis, geschält, entkernt und in Würfel geschnitten, 360 g rote Bohnen, gekocht, 70 g Maiskörner aus der Dose

Zubereitung: Zwiebeln und Knoblauch in heißem Öl 5 Minuten dünsten, dann Tomaten, Basilikum, Oregano sowie Pfeffer unterheben. Die Masse unter ständigem Rühren kochen lassen, bis ein dickes Püree entstanden ist. Kürbiswürfel zugeben, weichdünsten, später Bohnen und Mais einrühren, nochmals aufkochen lassen und abschmecken. Zu körnig gekochtem Reis servieren.

Popcorn

Es ist wirklich Tatsache! Das allseits bekannte und beliebte Popcorn kannten bereits die Indianer. Wir haben es von ihnen übernommen. Allerdings wurde von den Indianern kein Zucker zugefügt, sondern mit Salz und Gewürzen abgeschmeckt. Die Cherokee waren nachweislich schon leidenschaftliche Popcorn-Genießer. Unser Rezept ähnelt stark dem überlieferten Originalrezept der Cherokee.

Zutaten: 1 Tasse Maiskörner, 150 g Butter, 1 Teel. Öl, 1,5 Teel. Salz, 1 kleine zerdrückte Knoblauchzehe (bei jüngeren Kindern weglassen), 4 Eßl. sehr fein gehackter Schnittlauch

Zubereitung: In einer Pfanne ein Drittel der Butter nebst dem Öl so erhitzen, daß ein Probe-Korn, das man hineinwirft, sofort aufspringt. Restliche Körner zugeben und sofort den Deckel auflegen. Nachdem alle aufgesprungen, d.h. gepoppt sind, die Pfanne beiseite stellen. In einem Extra-Pfännchen die restliche Butter mit Salz, Knoblauch und Schnittlauchröllchen auf kleiner Flamme so lange erhitzen, bis das Salz aufgelöst ist. Die Butter darf dabei nicht zu heiß werden. Dann über das Popcorn tröpfeln, umwenden und sofort servieren.

Wilder Reis nach Indianer-Art

Dieses Rezept stammt aus einem Indianer-Reservat. Noch heute wird Reis von den Indianern auf diese Weise zubereitet.

Zutaten: 4 Tassen Wasser, 2 Tassen wilder Reis, 1 gehäufter Teel. Salz, 3 Scheiben Speck, 2 - 3 kleine Zwiebeln, 100 g Pfifferlinge oder andere Waldpilze, 1 Tasse rote Kidney-Bohnen aus der Dose, 1 Tasse Mais aus der Dose, 1/8 l süße Sahne, 1 kleines Ei, 25 g Butter

Zubereitung: Das Wasser mit wildem Reis und Salz zum Kochen bringen und gut 10 Minuten wallen lassen. Die Hitze ausschalten, Deckel auflegen und warten, bis der Reis alles Wasser aufgesogen hat. In einer Pfanne den Frühstücksspeck braun anbraten, herausnehmen und in Stückchen teilen. Im verbliebenen Fett die kleingeschnittenen Zwiebeln glasig werden lassen, die gehäckselten Pilze zugeben und kurz anbraten. Reis, Speckstückchen, Zwiebeln und Pilze mit Bohnen und Maiskörnern vermischen. Die Sahne mit dem Ei zerschlagen und unter die Reismischung heben.

Succotash

Hierbei handelt es sich um ein klassisches indianisches „Tiefkühl-Menü". Es wurde im Winter zubereitet und im Freien zu flachen Platten gefroren, die bei Bedarf erhitzt wurden.

Zutaten: 2 kleine Dosen Maiskörner, 1 große Dose weiße Bohnen, 1 kleine, geriebene Zwiebel, 30 g Butter, 1 - 3 Eßl. saure Sahne, Salz, Pfeffer, gehackte Petersilie

Zubereitung: Maiskörner und weiße Bohnen mit den Zwiebeln und der Butter in einen Topf geben und rund 15 Minuten schwach kochen lassen. Dabei mehrmals umrühren. Die saure Sahne zufügen und mit Salz und Pfeffer abschmecken.

Peruanische Kartoffelpuffer

Auch die Kartoffeln haben wir von den Indianern übernommen. Vor der Entdeckkung Amerikas war diese Frucht auf europäischen Tischen unbekannt.

Zutaten für 20 Stück: 300 g rohe Kartoffeln, grob gewürfelt, 1 mittlere Zwiebel, grob gewürfelt, 1 Tasse Kürbis aus dem Glas, 3 Knoblauchzehen, 250 g Gehacktes, 2 Eier, 1 Teel. Salz, 1 Teel. Pfeffer, 1-3 Eßl. Paniermehl

Zubereitung: Kartoffel, Zwiebel, Kürbis und Knoblauch gut pürieren. Die weiteren Zutaten intensiv untermischen. In einer heißen Pfanne das Fett zerlaufen lassen und kleine Puffer ausbacken. Dazu paßt jeder frische Salat.

Peruanische überbackene Möhren

Möhren wuchsen in Lateinamerika wild und waren eine geschätzte Speise für Menschen und für Meerschweinchen. Diese putzigen Tiere stammen nämlich aus den Anden. Dort wurden sie als Nutztiere gehalten und verspeist, wie bei uns die Hasen.

Zutaten für 5 Personen: 1 kg kleine geputzte und gekochte Möhren, 2 Eßl. Butter, 2 Eßl. Milch, 1 Tasse Milch, Salz, Pfeffer, 3 hartgekochte Eier in Scheiben, 1 1/2 Tassen geriebener Käse

Zubereitung: In eine gefettete Auflaufform werden die ganzen Möhren eingeschichtet. In einem Topf die Butter zerlassen, Mehl einrühren und mit der Milch ablöschen. Mit den Gewürzen abschmecken. Die Möhren mit den Eierscheiben belegen, die Creme darübergießen, darauf den Käse verteilen. Bei 220 Grad in die oberste Schiene des vorgeheizten Ofens schieben und 30 Minuten backen lassen, bis der Käse gebräunt ist.

Carne picada de Andinos

Ein weiteres Gericht aus den Anden. Fleisch war dort seltener auf dem Teller als z.B. bei den nordamerikanischen Indianern. Deshalb wurde es oft zu ganz besonders leckeren Gerichten verarbeitet.

Zutaten für 5 Personen: 500 g Rinderhack, 500 g Schweinehack, 100 g sehr fein gewürfelter Speck, 1 große Zwiebel, fein gewürfelt, 2 Eier, 3-4 in Milch eingeweichte und ausgedrückte Weißbrotscheiben, 1 Eßl. Senf, 2 Eßl. Tomatenpüree, 2 Eßl. fein gehackte Petersilie, 2 Eßl. fein gemahlene Pinienkerne, Salz, Chilipulver

Zubereitung: Alle Zutaten in einer großen Schüssel vermengen, kleine Croquetten formen und in heißem Fett ausbacken.

Peruanische Allulas

Sie entsprechen unseren Gewürzbrötchen, wurden frisch mit Butter gegessen und waren vor allem auf Festen und Feiern eine geschätzte Speise.

Zutaten für etwa sechs Brötchen: 3 Tassen Weizenmehl, 1 Würfel Hefe, in 4 Eßl. warmer Milch aufgelöst, 4 Eßl. Öl, 1/2 Tasse kalte Brühe, 4 Eßl. fein gehackte Petersilie, 1 Teel. Salz, 1 Teel. Chilipulver (bei jüngeren Kindern weglassen), 2 Eßl. Zucker

Zubereitung: Das Mehl in eine Schüssel geben und in die Mitte eine Vertiefung drücken. Die aufgelöste Hefe hineingeben, leicht mit Mehl überziehen und gehen lassen. Anschließend alle Zutaten zu einem Teig vermengen, dann lange und gut durcharbeiten. Dabei jedoch nur soviel Brühe zugeben, wie der Teig aufnimmt (in der Regel weniger als eine halbe Tasse). Sechs Teigkugeln zu Brötchen formen und auf ein gefettetes Backblech legen. Kreuzweise einschneiden und mit Wasser oder der restlichen Brühe bestreichen. In einem vorgeheizten Ofen bei 220 Grad 30 Minuten backen.

Maisbrot mit Weizenkörnern

Brot war bei den Indianern nicht so verbreitet, wie bei uns. Hier ein seltenes Originalrezept.

Zutaten: 1 1/2 Tassen Maisgries, 1 Tasse Weizenmehl, 1 Päckchen Backpulver, 1 Eßl. Zucker, 1 Teel. Salz, 200 g Butter, 1 Tasse Milch, 2 Eier, 2 gemahlene Chili (bei jüngeren Kindern weglassen), 1 Tasse Weizenkörner

Zubereitung: Die Weizenkörner in zwei Tassen Wasser 10 Minuten kochen und dann ausquellen lassen. Den Maisgries mit dem Weizenmehl und dem Backpulver mischen. Zucker, Salz, Butter und Eier schaumig rühren. Das Mehlgemisch und die Milch langsam dazugeben. Die Gewürze und den Weizen einarbeiten. Eine Kastenform einfetten und den gut durchgeschlagenen Teig in die Form füllen. Im vorgeheizten Ofen bei 220 Grad ungefähr 50 Minuten backen.

Hirsepfannkuchen

Hirse wuchs wild, wurde bei einigen Völkern aber auch angebaut. Aus Hirse produzierten die Indianer viele Süßspeisen. Bei einigen Völkern im Süden war Hirse eines der wichtigsten Grundnahrungsmittel.

Zutaten für etwa 10 Pfannkuchen: 400 ml Milch, 150 g Hirse, 3 Eier, 1 Eßl. Honig, Butter zum Backen

Corn-Crisps

Die Indianer kannten auch bereits Vorläufer unserer „Kartoffel-Chips". Bei ihnen war es eine beliebte Beilage zu Fisch, wurde aber im Tipi auch einfach so als Knabbergebäck herumgereicht.

Zutaten: 150 g Maismehl, 50 g Weizenmehl, 1 Teel. Backpulver, 30 g Butter, 100 g saure Sahne oder Buttermilch, Salz, Paprika, Butter zum Bestreichen

Zubereitung: Zuerst werden alle Zutaten (ohne den Paprika) gründlich zu einem geschmeidigen Teig geknetet. Dann wird der Teig zu einer daumendicken Rolle gedreht. Von der Rolle werden dünne Scheibchen abgeschnitten und so dünn wie möglich ausgerollt. Anschließend werden sie auf einem ungefetteten Blech bei 180 Grad goldgelb gebacken, noch heiß mit zerlassener Butter bestrichen und mit Paprika bestreut.

Zubereitung: Die Milch und die Hirse zusammen aufkochen und zugedeckt eine Stunde stehen lassen. Dann alle weiteren Zutaten hinzugeben und alles in einem Mixer pürieren (es geht auch mit langem, starkem Rühren). Jeweils etwas Butter in die Pfanne oder auf einen flachen, im Feuer erwärmten Stein geben und etwas Teig darauf gießen. Auf jeder Seite ca. 2 - 3 Minuten goldbraun braten.

Tonhähnchen

Bei den Indianern des Südens war es üblich, die erjagten Tiere in eine Tonschicht fest einzuschlagen und das Ganze in die heiße Glut der Feuerstelle zu legen. War das Tier gar, so schlug man nur die hartgewordene Tonschale auf. Mit ihr löste sich das Fell oder das Gefieder vom Tier, und man konnte es sich schmecken lassen.

Zutaten (für je 2 Kinder): 1 Hähnchen, je ein Teel. Salz, Salbei, Rosmarin, Petersilie, Lorbeer, 1 kg Ton

Zubereitung Das Hähnchen mit den Kräutern füllen und in eine fingerdicke Tonschicht hüllen. Sie soll gleichmäßig sein und darf auf keinen Fall Risse haben. Der fertige Tonklumpen wird in die heiße Glut gelegt und bleibt dort ca. 60 Minuten. Springt der Tonmantel auf, dann muß das Hähnchen gedreht werden, damit es nicht anbrennt. Bleibt die Tonhülle unversehrt, kann das Hähnchen auch bis zu zwei Stunden in der Glut liegen. Es bleibt dann trotzdem saftig und brennt nicht an. Auf die gleiche Art können auch Forellen gebacken werden.

Bohnen-Mais-Salat

Bohnen gehörten zu den ersten Früchten, die von den Indianern angebaut wurden. In Lateinamerika waren sie für den Speisezettel fast so wichtig wie Mais. Aber auch die nordamerikanischen Indianer hatten sie auf der Speisekarte. Denn sie ließen sich leicht trocknen und lange aufbewahren.

Zutaten: 500 g rote Kidney-Bohnen, 500 g Maiskörner, 1 Knoblauchzehe, 1 Bund Schnittlauch, 1 Teel. Salz, 5 Tropfen Tabasco, 1 Eßl. Ahornsirup (ersatzweise Honig)

Zubereitung: Die Bohnen und Maiskörner gut abtropfen lassen, den Schnittlauch fein schneiden und untermischen. Mit den restlichen Zutaten abschmecken.

Tannennadeltee

Tannennadeln enthalten bis zu fünfmal soviel Vitamin C wie Zitronen! Eine Tasse Tannennadeltee täglich schützt zuverlässig vor Skorbut. Die zahlreichen Goldsucher, die in Kanada und Alaska an Skorbut gestorben sind, hätten der Krankheit mit Leichtigkeit entgehen können. Die Samen in den Tannenzapfen sind übrigens eßbar und können in Brot oder Bannock mitgebacken werden.

Zutaten: Tannennadeln

Zubereitung: In der Sonne getrocknet und anschließend im Mörser etwas zerstoßen, können die frischen Tannennadeln wie Tee aufgebrüht werden.

INDIANER-KINDER BRAUCHEN MUT

Ho! Sonne, Mond und Sterne,
ihr alle, hoch am Himmel,
hört mich an!
In eure Mitte
ist neues Leben getreten.
Ebnet ihm den Weg!
Ho! Winde, Wolken und Regen,
ihr alle, hoch in der Luft,
hört mich an!
In eure Mitte
ist neues Leben getreten.
Ebnet ihm den Weg!

Gebet der Omaha bei Geburt eines Kindes

Kinder spielten bei den Indianern immer eine große Rolle. Zwar wurden auch bei den Indianern Jungen und Mädchen unterschiedlich erzogen. Jungen wurden auf ein Leben als Jäger vorbereitet, Mädchen lernten viele hauswirtschaftliche und handwerkliche Tätigkeiten. Für die Indianer bedeutete dies jedoch keine „Wertung". Töchter wurden ebenso liebevoll begrüßt wie Söhne.

Die Indianer behandelten ihre Kinder mit Liebe, Achtung und Verständnis. Die Indianer schlugen ihre Kinder nicht. Sie konnten auch nie verstehen, warum die Weißen das taten, so fremd war ihnen eine solche Handlungsweise. Verwöhnt wurden die Kinder allerdings auch nicht. Von klein auf wurden sie zu Anpassungsfähigkeit und Selbstdisziplin erzogen. Denn es ging darum, das harte Leben der Nomaden zu ertragen. Immer wieder gab es Zeiten, in welchen die Nahrung knapp wurde. Die Jagdzüge waren sehr anstrengend und im Winter herrschte bittere Kälte.

Die Kinder erhielten bald nach der Geburt ihren Namen. Meist wurden sie von älteren Verwandten oder von verdienten Kriegern des Stammes getauft. Jungennamen sollten meist an eine Heldentat des Paten erinnern. Nach Auszeichnung durch besondere Tapferkeit bei der Jagd oder im Kampf waren Namensänderungen im Erwachsenenalter keine Seltenheit. Auch Träume gaben Anlaß zu späteren Namenswechseln.

Jede Geburt eines Kindes war bei den Indianern ein freudiges Ereignis für die ganze Sippe. Meist war es die Großmutter, die das Neugeborene wusch und mit dem warmen Fett einer Büffelkuh einrieb. Die Nabelschnur wurde aufbewahrt und in einen kleinen, mit Glasperlen geschmückten Lederbeutel eingenäht. Er hatte die Form einer Eidechse oder Schildkröte. Beide Tiere waren Symbole des Gleichmuts und des langen Lebens. Der kleine Beutel wurde deshalb als machtvoller Glücksbringer des Kindes angesehen und meist an der Wiege festgebunden.

Den größten Teil seines ersten Jahres verbrachte das Kleine, sicher festgebunden, auf dem Wiegenbrett. Trockene, Feuchtigkeit aufsaugende Pflanzen, vor allem Moos, taten den Dienst von Windeln. Oft trug die Mutter ihr Jüngstes auf dem Rücken, in das Tuch eingebunden und von ihrem Körper gewärmt. Bei der Zubereitung der Speisen wanderte so mancher besonders leckere Bissen über Mutters Schulter in den Mund des Kleinen. War der Stamm unterwegs, wurde das Wiegenbrett ans Sattelhorn der Mutter, an eine Zeltstange oder auf ein Travois gebunden. Die Wiegenbretter waren reich mit Glasperlen und Stachelschwein-Stacheln geschmückt. Indianerkinder wurden selten bestraft und nie geschlagen oder angeschrien. Eltern baten Kinder, etwas zu tun und gaben keine Befehle. Einsamkeit war ein Begriff, der Indianerkindern fremd sein mußte. Sie wußten, daß man sie liebte. Denn nebst den Eltern halfen auch Großeltern, Onkel und Tanten bei der Erziehung und kümmerten sich um das Kind. So früh wie möglich führte man die Kinder dazu, gehen, reiten und schwimmen zu lernen. Sie hatten Spielzeug und kannten viele Spiele.

Unzählige dieser Spiele bereiteten die Kinder auf ihre künftigen Aufgaben vor. Beim Bau von Miniatur-Tipis, bei der Jagd auf kleine Holzbüffel oder ausgestopfte Stoff-Elche, die ihnen als Ziele für die Pfeile ihrer Spielzeugbogen dienten, sowie beim Einsatz der selbstgemachten Blasrohre aus ausgehöhlten Eschenzweigen, machte der Nachwuchs seine ersten Lebenserfahrungen. Als stundenlange Beschäftigung kannten die Indianer zahlreiche spannende Ballspiele. Mit dem Alter wuchsen auch die Spielzeugbogen zu echten Waffen heran. Kinder begannen, die Pferde zu versorgen und kamen als Helfer mit auf die Jagd. Die Indianer waren weise Eltern, die es verstanden, das Selbstvertrauen ihrer Kinder zu stärken. Für den Indianer war die Kindheit eine glückliche Zeit. Kinder waren ein wertvolles Geschenk und keine Last. Die Stämme waren klein und das Leben der Jäger voller Gefahren. Jedes junge Leben war wichtig. Diesem Wissen entsprang die Liebe, die den Kleinen entgegengebracht wurde.

Auch heute noch werden die Indianerkinder mit der gleichen Liebe umgeben, wenn auch das Leben in der weißen Zivilisation viele Probleme mit sich gebracht hat. Indianerkinder gehen heute zur Schule wie alle Kinder. Die Lehrer dagegen sind fast ausnahmslos Weiße. Sie sprechen die Sprache der Indianer nicht, und ihren Schülern scheint es, als kämen sie aus einer anderen Welt. Dabei ist es für ein Kind schwierig zu lernen, wenn es den Lehrer und die Schulbücher nicht begreift. Sie zeigen weiße Familien in ihren schönen Vorstadt-Häusern. Sie zeigen den Vater, der abends aus dem Büro nach Hause kommt. Sinnlose Inhalte für ein Indianerkind, das mit seinen Eltern in einer abgelegenen Hütte wohnt. Manche Reservate sind nur dünn besiedelt, nahe gelegene Schulen sind Mangelware. Für große Gebiete hat die Regierung oft nur eine Internatsschule errichtet. Auf diese Weise gelingt es, den starken Zusammenhalt der Indianerfamilien zu sprengen, indem die jungen Indianer in weit entfernte Schulen gebracht werden, wo sie ohne Eltern und Verwandte ein fremdes Leben erwartet.

„Weiße sind keine guten Eltern", erklärt eine junge Sioux-Mutter. „Einerseits verwöhnen sie ihre Kinder, machen ihnen alles zu leicht, so daß es lange dauert, bis die jungen Leute erwachsen sind. Andererseits schlagen sie ihre Kinder und schreien sie an. In der alten Zeit mußten alle Indianer tapfer sein, auch die Kinder. Man mußte ständig auf der Hut sein - vor Grizzlybären, Crow-Indianern, vor der Kavallerie der Staaten. Heute aber gehört Mut dazu, erwachsen zu werden. Mit all den Problemen, die wir haben, müßte jedes Indianerkind so tapfer sein wie Crazy Horse oder Sitting Bull."

Trage für Indianer-Babys

Die Trage wurde von den Müttern auf den Rücken geschnürt und überallhin mitgenommen. Es war ein Holzgestell mit weichem Lederbeutel. Die Babys wurden hineingebunden und darin ins Tipi gehängt. Wenn die Mutter außerhalb des Tipis arbeitete, wurde die Trage an die Zeltwand gelehnt, oder sie schaukelte in den Zweigen eines Busches.

Material: Äste, Schnur, Stoffreste, Schere
Alter: ab 6 Jahren

Drei fingerdicke Äste werden fest zu einem Dreieck zusammengebunden. Zwei Kordelstücke werden so am oberen und jeweils an einem unteren Ende verknotet, daß sich das Gestell bequem tragen läßt. Aus Stoffresten wird ein dreieckiges Tuch geschnitten und mit der Spitze nach vorne auf den Boden, das Gestell mit der Spitze nach hinten darüber und obenauf das Indianerkind gelegt. Die drei Zipfel werden um Gestell und Kind nach vorne geschlagen und fest verknotet.

Baby-Tragetuch

Bei einigen Indianern Südamerikas wurden die kleinen Babys in eigens dafür gewebten Tragetüchern getragen. Diese Tücher sind in den letzten Jahren auch bei uns modern geworden. Viele Mütter tragen heute so ihre Babys. Die Tücher dafür werden oft aus z.B. Guatemala eingeführt, wo sie für wenige Pfennige von den Indianern hergestellt werden. Bei uns müssen Mütter bis zu 80,- DM für solch ein Tragetuch bezahlen. Das meiste Geld verdienen die weißen Händler.

Material: Stoffreste, Schere
Alter: ab 3 Jahren

Ganz einfach können auch jüngere Kinder sich ein Tragetuch für ihre Puppen-Kinder basteln. Sie schneiden sich aus Stoffresten ein Tuch zurecht, welches ungefähr 30 cm breit und rund 20 cm länger als die Größe des Kindes ist. In die beiden schmalen Enden können Fransen eingeschnitten werden. dann werden die beiden Enden fest verknotet und das Tuch wird wie eine Schärpe so über die Schulter gelegt, daß der Knoten hinter der Schulter liegt. Dann wird das Tuch vor dem Körper einmal verdrillt, wie auf dem Bild zu sehen. So entsteht ein sackförmiger Raum vor dem Bauch, in das ein Indianer-Baby so gelegt wird, daß unten die Beine und oben der Kopf hinaus schauen.

Indianer-Fingerpuppen

*Puppen waren bei Indianermädchen **und** -jungen ein sehr beliebtes Spielzeug. Oft bastelten sie sich selbst schöne Exemplare, oft wurden sie aber auch von den Eltern hergestellt.*

Material: Filz, Schere, Nadel und Faden, Alleskleber
Alter: ab 4 Jahren

Unsere Fingerpuppen sind ideal für kleine improvisierte Theaterstückchen zu Hause oder unterwegs bei Auto- und Bahnfahrten. Sie sind ganz einfach herzustellen. Mit Transparentpapier die Figuren aus diesem Buch abpausen. Für jede Figur wird die gleiche Grundform verwendet. Jeweils zwei Teile aus Bastelfilz zuschneiden, aufeinanderlegen und schmalkantig steppen. Die untere Kante für den Finger offen lassen. Augen, Ohren, Mund, Nase, Haare und andere Teile werden ebenfalls aus buntem Bastelfilz ausgeschnitten und mit Alleskleber aufgeklebt. Augen kann man übrigens hervorragend mit einem Locher produzieren.

Indianer-Malgeschichte

Kleine Malgeschichten sind häufig eine willkommene Alternative zu den von Kindern so geliebten, von ErzieherInnen jedoch verhaßten Malbüchern und Zeichenschablonen. „Punkt, Punkt, Komma, Strich - fertig ist das Mondgesicht" ist wohl die einfachste und bekannteste aller Malgeschichten. Solche freien Malhilfen begünstigen einerseits das rhythmische Gefühl der Kinder durch den Einsatz der Sprache in Versform. Andererseits fördern sie die Entwicklung von Phantasie und Kreativität. Die Annahme, daß die daraus resultierenden Kinderzeichnungen sich alle gleichen, wird die Praxis schnell widerlegen.

Material: Papier, Stifte
Alter: Ab 3 Jahren

Am Fuße dieses Berges

wächst schönes, grünes Gras.

Da setzen wir uns nieder
und haben großen Spaß.

Wie herrlich scheint die Sonne

mit lachendem Gesicht.

da stört die kleine Wolke
am Himmel wirklich nicht.

Nanu, was ist denn das jetzt?
Blitz, Donner oder Wind?

Es ist der bunte Federschmuck
vom Indianerkind!

Indianerkind Starker Wind

Fingerspiele waren nicht nur bei Indianerkindern sehr beliebt. Auch heute sind Kinder im Kindergartenalter immer wieder mit solchen kleinen Einlagen zu begeistern, die sie oft stundenlang einüben, um sie den Eltern vorführen zu können.

Material: -
Alter: ab 3 Jahren

Siehst du dieses Tipi?

Darin wohnt ein Kind. Es ist genauso alt wie du und heißt „starker Wind".

Mittags kommt „Kleiner Adler",

bringt „Butterblume" mit, dann sitzen sie im Tipi und spielen dort zu dritt.

Wenn „Heller Mond" im Zelt erscheint, dann wird es wunderschön:

Sie lauschen seinen Märchen bis zum Schlafengehn.

Fliegender Stern

Die Indianer-Kinder der Irokesen und anderer Waldindianer kannten ein Wurfgerät, mit dem sie gerne spielten und das als Vorläufer unserer heutigen Frisbee-Scheiben gelten kann. Sie flochten aus den Zweigen einer Weidenart einen Ring, den sie sich zuwarfen, mit dem sie aber auch auf Steine und Stöcke zielten.

Material: Zeitung, Alleskleber, Bindfaden, evtl. Farbe
Alter: ab 4 Jahren

Wir wollen uns ein eigenes Fluggerät bauen: den fliegenden Stern. Wir falten vier Zeitungsblätter zu Streifen von ca. 3 cm Breite und 40 cm Länge. Diese legen wir kreuzweise so übereinander, daß sich ein Stern ergibt. In der Mitte werden sie mit Alleskleber zusammengehalten. Dann flechten wir Bindfaden um die Mitte herum, indem wir ihn abwechselnd über und unter den Zacken hindurchziehen. So bekommt unser fliegender Stern die nötige Stabilität und Flugfestigkeit. Den fertigen Stern können wir dann noch gelb anmalen, bevor wir ihn einweihen. Er hat einen großen Vorteil: Er ist viel ungefährlicher als Frisbees oder sogar Bumerangs und spielen kann man mit ihm genauso gut.

Stöckchenschlagen

Ein Indianer-Spiel, mit dem die zukünftigen Jäger ihre Geschicklichkeit erprobten.

Material: zwei Steine, kurzer und langer Stock
Alter: ab 6 Jahren / Variante ab 3 Jahren

Ein kurzes Stöckchen wird über zwei Steine gelegt. Darunter kommt ein längerer Stock. Der Schläger hebt den langen Stock vom Boden auf und schleudert das kleine Stöckchen damit in die Höhe. Der Fänger muß es ergreifen. Schafft er es, werden die Rollen getauscht. Mißlingt sein Versuch, muß er versuchen, das kleine Hölzchen von seinem Landeplatz auf den großen Stock zu werfen, der jetzt so über den Steinen liegt, wie zuvor das kleine Holz. Gelingt ihm dies, werden die Rollen getauscht. Falls nicht, beginnt das Spiel von vorn.

Mit jüngeren Kindern im Kindergarten-Alter kann man Stöckchenschlagen auch ohne Fänger spielen. Hier geht es darum, wer sein Stöckchen am weitesten schlagen kann.

Indianische Rätsel

Indianerkinder liebten Rätselgeschichten und konnten guten Geschichtenerzählern stundenlang zuhören, um dann lange über die Lösung nachzudenken. Auch als Erwachsene bewahren sie sich die Freude an Rätseln und am Geschichten hören.

Material: -
Alter: ab 4 Jahren

Hier sind einige exemplarische Rätsel für unsere jüngeren Kinder vorgestellt, mit etwas Phantasie können aber auch noch viele eigene Rätsel entwickelt werden.

Ich geh' auf leisen Sohlen,
ich schleiche her und hin.
Ich trage den Indianerschuh.
Das ist ein ... (Mokassin).

Und brennt das Feuer noch so sehr,
es kommt doch keine Feuerwehr.
Wir können das Feuer gebrauchen,
doch muß es kräftig rauchen,
weil mein Freund mich nur versteht,
wenn viel Qualm zum Himmel geht.
(Rauchzeichen)

Bei uns brennt es jeden Tag,
doch das soll uns nicht stören.
Wir treffen uns zum Tanzen hier
und auch zum Märchen hören.
(Lagerfeuer)

Unser Haus hat keine Fenster,
aber eine Tür.
Es ist nicht aus Stein gebaut,
aus Leder ist's dafür. (Tipi)

Ich kann sie schrecklich schlagen,
weil sie gar nicht schreit.
Doch ihre tollen Klänge,
die hört man meilenweit. (Trommel)

Ich kann richtig schießen,
doch hab' ich kein Gewehr.
Ich brauche nur den Bogen
und noch etwas mehr. (Pfeile)

Pina

Das Spiel stammt von den Nootka aus dem amerikanischen Nordwesten. Sie rissen von einem großen Farnwedel nacheinander die Blätter ab, sagten dabei jedesmal „Pina" und versuchten mit einem Atemzug, den Stengel so weit wie möglich zu entblößen.

Material: -
Alter: ab 4 Jahren

Da bei uns Farne unter Naturschutz stehen, brauchen wir für unsere Fassung zwei Spieler. Sie stellen sich gegenüber und holen einmal tief Luft. Dann tappen sie sich abwechselnd gegenseitig auf den Kopf, wobei jeweils der Tappende laut und deutlich „Pina" sagen muß. Wem zuerst die Luft ausgeht, der hat verloren. Wer wird Pina-Meister?

Riesenraupe

Bei Riesenraupe handelt es sich um ein aus Neuguinea stammendes Spiel, das mit großer Vorsicht gespielt werden muß, damit es zu keinen Unfällen kommt.

Material: -
Alter: ab 5 Jahren

Zwei Reihen von Kindern stehen einander gegenüber und bilden eine Plattform mit verschränkten Armen. Ein Kind stellt sich auf die Arme von mindestens zwei Kindern in der Reihe und läuft quer über die verschränkten Arme der anderen. Während sich der Spieler die Plattform entlangbewegt, rennen die Kinder, die bereits passiert wurden, nach vorn in die Reihe und fahren fort, die Plattform zu erweitern, während das Kind oben weiter-
*läuft.

Murmeljagd

Dieses Murmelspiel wird von australischen Eingeborenen-Kindern gespielt. Es kann Stunden dauern und kennt meist keinen Sieger oder Verlierer.

Material: Murmeln
Alter: ab 3 Jahren

Zwei Spieler setzen sich mit gekreuzten Beinen etwa drei Meter voneinander entfernt gegenüber. Jeder Spieler hat einen kleinen Haufen Murmeln auf dem Boden direkt vor sich. Die Spieler versuchen abwechselnd, die Murmeln des anderen Spielers anzustoßen, indem sie eine ihrer eigenen Murmeln rollen lassen. Stößt sie eine oder mehrere Murmeln des Partners an, so erhält der Spieler alle von ihm angestoßenen Murmeln (natürlich auch seine eigene). Trifft sie keine Murmel, so bleibt die Glasperle liegen. Dieses Spiel kann theoretisch unendlich andauern. Denn sobald ein Haufen kleiner wird, ist er auch schwieriger zu treffen.

Pfostenschuß

Dieses kooperative Spiel wird noch heute von den indianischen Kindern in Guatemala gespielt.

Material: Holzpfosten, pro Spieler ein Boccia-Ball
Alter: ab 4 Jahren

Ein hölzener Pfosten wird in mäßiger Entfernung von einer Wurflinie aufgestellt (eine Gruppe kann über die Entfernung entscheiden). Ziel ist, daß die Gruppe zusammenarbeitet, um mit dem ersten Ball, der gerollt wird (Leitball), den Pfosten zu berühren. Der erste Spieler rollt den Ball, und die nachfolgenden Teammitglieder versuchen, ihren Ball so zu rollen, daß er den Leitball näher an den Pfosten stupst. Das Spiel ist gewonnen, wenn der Leitball den Pfosten berührt. Ist der Pfosten umgeworfen, beginnt der Spieler, der ihn umgeworfen hat, ein neues Spiel, indem er den ersten Ball rollt.

Haguh

Dieses Spiel stammt von den Tlinglit. In ihrer Sprache bedeutet Haguh „Komm her". Mit diesem Ruf fordern sie jemanden auf, mit versteinerter Miene den Gang durch eine Gasse possenreißender Mitspieler zu wagen, ohne dabei das geringste Lächeln zu zeigen.

Material: -
Alter: ab 5 Jahren / Variante ab 3 Jahren

Die Spieler bilden eine solche Gasse. Auf jeder Seite steht ein Team, das jeweils einen der ihren ins Rennen schickt. Die beiden Gegner stellen sich je an einem Ende der Gasse auf. Alle rufen „Haguh" und die beiden Gegner gehen langsam, mit todernster Miene, aufeinander zu und aneinander vorbei zum anderen Ende der Gasse. Die Spieler der Gasse versuchen, jeweils den Mutigen der anderen Gruppe mit Faxen und Verrenkungen zum Lachen zu bewegen. Lacht einer der Läufer, muß er zur Gegenseite überwechseln.
Mit jüngeren Kindern empfiehlt es sich, das Spiel ohne gegnerische Gruppen zu spielen. Jeweils ein Kind aus jeder Reihe geht abwechselnd von rechts durch die Gasse, um sich am linken Ende wieder aufzustellen. Wer kommt durch, ohne zu lachen?

Höhenflug

Höhenflug war eine Art „Familienspiel" der Inuit, das von Erwachsenen und Kindern gleichermaßen gern gespielt wurde. Denn die Inuit waren ein spielfreudiges Volk.

Material: Segeltuchdecke, evtl. Luftballon
Alter: ab 3 Jahren

Ursprünglich wurde eine große, dauerhafte Decke hergestellt, indem man mehrere Walroßfelle zusammennähte. Die Decke war etwa drei bis vier Meter breit. Ein Spieler saß oder stand in der Mitte der Decke, und eine Gruppe von zwanzig bis dreißig Spielern verteilte sich rund um die Decke, um den mittleren Spieler immer wieder sanft in die Luft zu schleudern. Heute wird dieses Spiel in der ganzen Welt mit einem schweren Segeltuch gespielt. Der Ursprung des Spieles ist jedoch rein indianisch.

Mit jüngeren Kindern kann man eine Variante spielen: Als Fellersatz gilt ein Tuch oder eine Decke, und in die Mitte kommt ein Ball, Wasserball oder Luftballon. Alle zusammen versuchen, den Ball so weit wie möglich in die Höhe zu schleudern und so lange wie möglich im Spiel zu halten.

Muk

Muk heißt in der Sprache der Inuit Stille. Und eben darum geht es bei diesem Spiel.

Material: -
Alter: ab 3 Jahren

Alle Teilnehmer setzen sich zunächst in einen Kreis. Ein Spieler begibt sich in die Mitte des Runds. Er wählt einen anderen Spieler, der „muk" sagen und dann mit einem unbeweglichen Gesicht in Stille verharren muß. Der Spieler in der Mitte schneidet komische Gesichter, macht ulkige Gesten und versucht dadurch, den „Muk zu brechen". Der Muk-Brecher bekommt einen kauzigen Namen angehängt und ersetzt den Spieler in der Mitte.

Kaipsak

Kaipsak war ein sehr beliebtes Spiel unter den Inuit-Kindern. Der Reihe nach drehte jedes Kind seinen Kreisel, rannte aus dem Iglu, lief darum herum und versuchte, zurückzukommen, bevor der Kreisel aufhörte, sich zu drehen.

Material: Kreisel oder Flasche
Alter: ab 3 Jahren

Wir können, da wir in der Regel über keinen Iglu verfügen, alle zusammen im Kreis sitzen. Die Kinder drehen dann einen Kreisel oder eine Flasche, laufen einmal außen um den Kreis und müssen dann rechtzeitig zurückkommen.

Stock über die Schulter

Stock über die Schulter spielten die Indianerkinder bei jeder sich bietenden Gelegenheit. Man braucht dazu fast kein Material und kann die Schwierigkeit ganz einfach seinen immer besser werdenden Leistungen anpassen.

Material: Kreide oder Schnur, Äste
Alter: ab 3 Jahren

Es wird ein Kreis auf den Boden gezeichnet oder eine Schnur zu einem Ring gelegt. In 2 m Entfernung stehen die Spieler mit dem Rücken zum Zielkreis. Aststückchen werden nun nach hinten über die Schulter geworfen, in der Hoffnung, diese in den Kreis zu treffen. Wenn langsam die Entfernung vergrößert wird, können regelrechte Meisterschaften ausgetragen werden.

Neun Monde

Murmeln waren bei den Indianer-Kindern sehr beliebt. Meist waren es kleine in der Sonne getrocknete Tonkügelchen, mit denen sie viele Spiele bestritten. Neun Monde ist ein besonders spannendes Spiel. Deshalb wird es hier vorgestellt.

Material: Murmeln
Alter: ab 4 Jahren

Für dieses Spiel werden viele Murmeln benötigt. Entweder aus Ton modellierte und gefärbte Kugeln, oder gekaufte Glasmurmeln. In die Erde werden neun kleine Aushöhlungen - die Monde gegraben. Der Abstand zwischen den einzelnen Gruben beträgt etwa 30 cm. Jeder Spieler legt eine Murmel als Einsatz in die mittlere Grube. Nacheinander dürfen alle Spieler aus 50 cm Abstand von außen eine Murmel nach innen rollen. Trifft der Spieler den inneren Mond in der Mitte, so gehören alle Murmeln ihm. Rollt die Murmel in einen der äußeren Monde, so muß er eine weitere Murmel in den inneren Mond legen. Bleibt die Murmel jedoch liegen, ohne in einen Mond zu rollen, darf der nächste Spieler versuchen, sie von ihrem Platz in den inneren Mond zu rollen. Gelingt ihm das, so hat er anschließend zwei Versuche. Bei Nichtgelingen kommt der nächste Spieler an die Reihe.

Ohne Namen

In einigen südwestlichen Gebieten spielen die Indianer heute noch ein eigentümliches Spiel, für das aber kein besonderer Name bekannt ist.

Material: Steine, Sand
Alter: ab 4 Jahren

Zwei Gruppen von je vier Spielern sitzen einander gegenüber auf dem Boden. Jeder Spieler hat vor sich eine fußhohe Sandpyramide errichtet. Auf ein vereinbartes Zeichen drehen sich die Spieler der einen Gruppe um, während ein Mitglied der anderen Gruppe einen kleinen Stein in einen der Sandhaufen steckt. Jetzt muß die erste Gruppe erraten, in welchem Haufen sich der Stein befindet.

Sockeln

Gleichgewichtssinn war eine wichtige Eigenschaft für Naturvölker. Und wie kann man den Gleichgewichtssinn besser trainieren als bei einer ordentlichen Sockel-Partie?

Material: Schnur, evtl. Zeitungen
Alter: ab 5 Jahren / Variante ab 3 Jahren

Überall dort, wo wir einen umgestürzten Baumstamm oder einen Baumstumpf finden, kann das Sockeln steigen. Zwei Spieler stehen sich auf dem Stamm oder Stumpf gegenüber, geben sich eine Hand und versuchen sich dann gegenseitig, ohne die Hände loszulassen, so aus dem Gleichgewicht zu bringen, daß der andere vom Baumstamm fällt. Bei jüngeren Kindern empfiehlt sich statt des Baumstammes ein Bogen Zeitungspapier oder einfach ein mit dem Fuß gezogener Kreis im Sandkasten. Bei diesem Spiel geht es weniger um Stärke, denn um Geschicklichkeit.

Sprechen ohne Worte

Um einander zu verstehen,
braucht es nur wenige Worte.
Um einander nicht zu verstehen,
braucht es viele Worte.

Indianische Weisheit

Die Indianer verfügten über eine ungeheure sprachliche Vielfalt. Zur Zeit der Entdeckung der neuen Welt umfaßten sie ungefähr eine Million Menschen und redeten etwa hundertfünfzig unterschiedliche Sprachen, wovon die meisten sich noch zusätzlich in zahlreiche Dialekte aufgliederten. Dieses Sprachengewirr entstand in Nordamerika infolge einer unaufhörlichen Völkerwanderung.

Ständig wechselten die nomadischen Jäger ihren Standort, splitterten sich in kleinste Gruppen auf und durchstreiften das Land in alle vier Himmelsrichtungen. Die ununterbrochenen Wanderungen führten zu einer Sprachvielfalt, wie es sie weder in Asien noch in Europa jemals gegeben hat. Die rund 150 Indianersprachen, die allein in den USA noch 1940 gezählt wurden, halten jeden Vergleich mit dem europäischen Sprachgut aus. Ihr großer Wortschatz und ihre außerordentlich komplizierte Grammatik lassen uns ahnen, daß die indianischen „Uff"- oder „Howgh"-Brummtöne aus vielen Western nicht viel mit der Wirklichkeit gemein haben. Die indianischen Sprachen hatten einen melodischen Klang, eine sehr bildhafte Formulierungsart mit feinen Wendungen und Umschreibungen. Sie kannten einen methodischen Aufbau mit Haupt-, Tätigkeits- und Eigenschaftswörtern, mit männlichen und weiblichen Substantiven und Adjektiven. Interessant ist aber auch, daß es in den meisten indianischen Sprachen keine Schimpfwörter gab.

Wenn sich heute Indianer aus allen Teilen Nordamerikas treffen, verständigen sie sich in Englisch miteinander, da ihre indianischen Sprachen sich allzu deutlich unterscheiden. Zur allgemeinen Verständigung über die Stammesgrenzen hinweg ist diese europäische Sprache also heute an die Stelle der einst so bedeutenden Zeichensprache getreten. Da es ursprünglich jedoch keine Universalsprache gab, entwickelte sich im Laufe der Zeit eine eigene Zeichensprache, die allen Stämmen geläufig war. Mit ungefähr vierhundert verschiedenen Gebärden, die einem Wortschatz von über 1000 Wörtern entsprachen, war diese Zeichensprache durchaus als vollwertiges Kommunikationsmittel zwischen Angehörigen unterschiedlicher Stämme geeignet. Wildfremde Stämme konnten mit ihrer Hilfe sogar komplizierte Verträge aushandeln. Diese Gebärden und Gesten waren die Brücke zwischen den unzähligen Sprachen und Dialekten, von welchen allein bei den nordamerikanischen Indianern über 300 gezählt wurden. Sie ermöglichten das Führen kompliziertester Verhandlungen, die Verständigung auf Jagd- und Kriegszügen, wo äußerste Ruhe geboten war, aber auch das Erzählen der abenteuerlichsten Geschichten. Profis können sich mit diesen Zeichen genauso schnell wie mit Worten unterhalten. Dabei waren die meisten Zeichen denkbar einfach:

Jeder Stamm benützte ein eigenes Symbol als Erkennungszeichen.

Nach dem Reiseziel fragte man zum Beispiel, indem man mit den Händen das Zeichen für „DU" und „GEHEN" formte.

Ein Tipi stellte man durch Falten der Hände dar.

Für „SCHLECHT" machte man eine wegwerfende Handbewegung.

Um einen Weißen zu bezeichnen, zog man einfach mit dem Finger einen Strich quer über die Stirn, was die Hutkrempe andeuten sollte.

Um eine Frau zu bezeichnen, fuhr man mit gespreizten Fingern durchs Haar, als ob man sich kämmen würde.

Wollte man sich als Freund zu erkennen geben, schloß man die rechte Hand, hob den Zeige- und Mittelfinger gegen den Himmel - mit der Handfläche nach außen - und bewegte die Hand langsam von der Gürtellinie bis auf Schulterhöhe.

Welch unglaubliche Perfektion die Verständigung durch Handzeichen erreichte, zeigt ein überzeugendes Beispiel: „Der amerikanische Wissenschaftler William Tomkins wies 1931 nach, daß in der indianischen Zeichensprache eine ganztägige Sitzung des Repräsentantenhauses korrekt und absolut verständlich wiederzugeben war. Er diktierte einem Indianer, auch Wissenschaftler, den Text eines vollständigen Friedensvertrages des Jahres 1868, und dieser sprach den ihm durch Zeichensprache übermittelten Text auf ein Tonband. Ursprünglicher Text und aus der Zeichensprache zurückübersetzter Text wichen in keinem Detail voneinander ab."

Wie wäre es, wenn sich unsere Indianer auf der Pirsch ausschließlich über eine selbstentwickelte Zeichensprache verständigen würden? Aber auch bei vielen der in diesem Buch beschriebenen Spiele ist die Beherrschung der Zeichensprache von großem Vorteil.

Zeichensprache

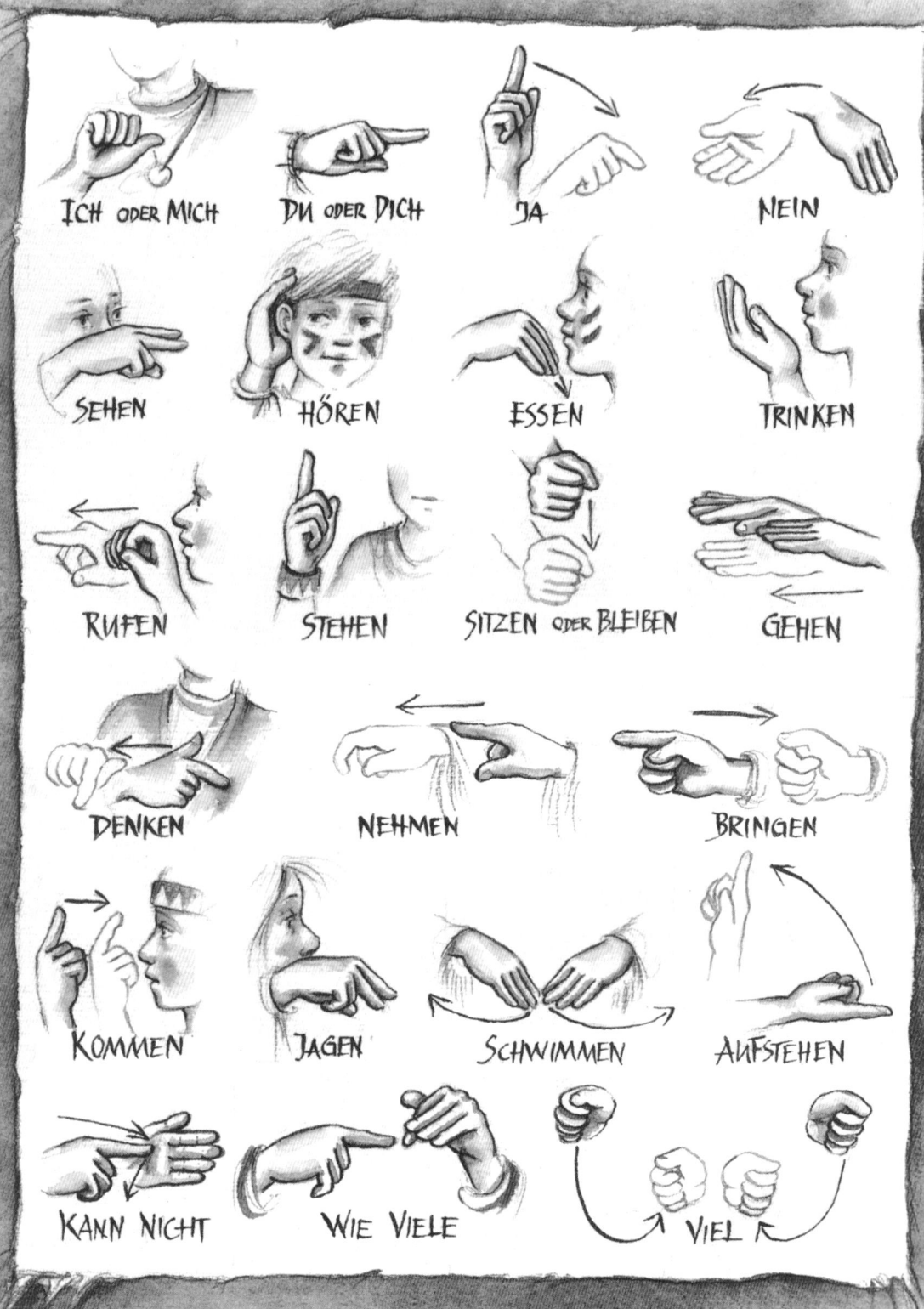

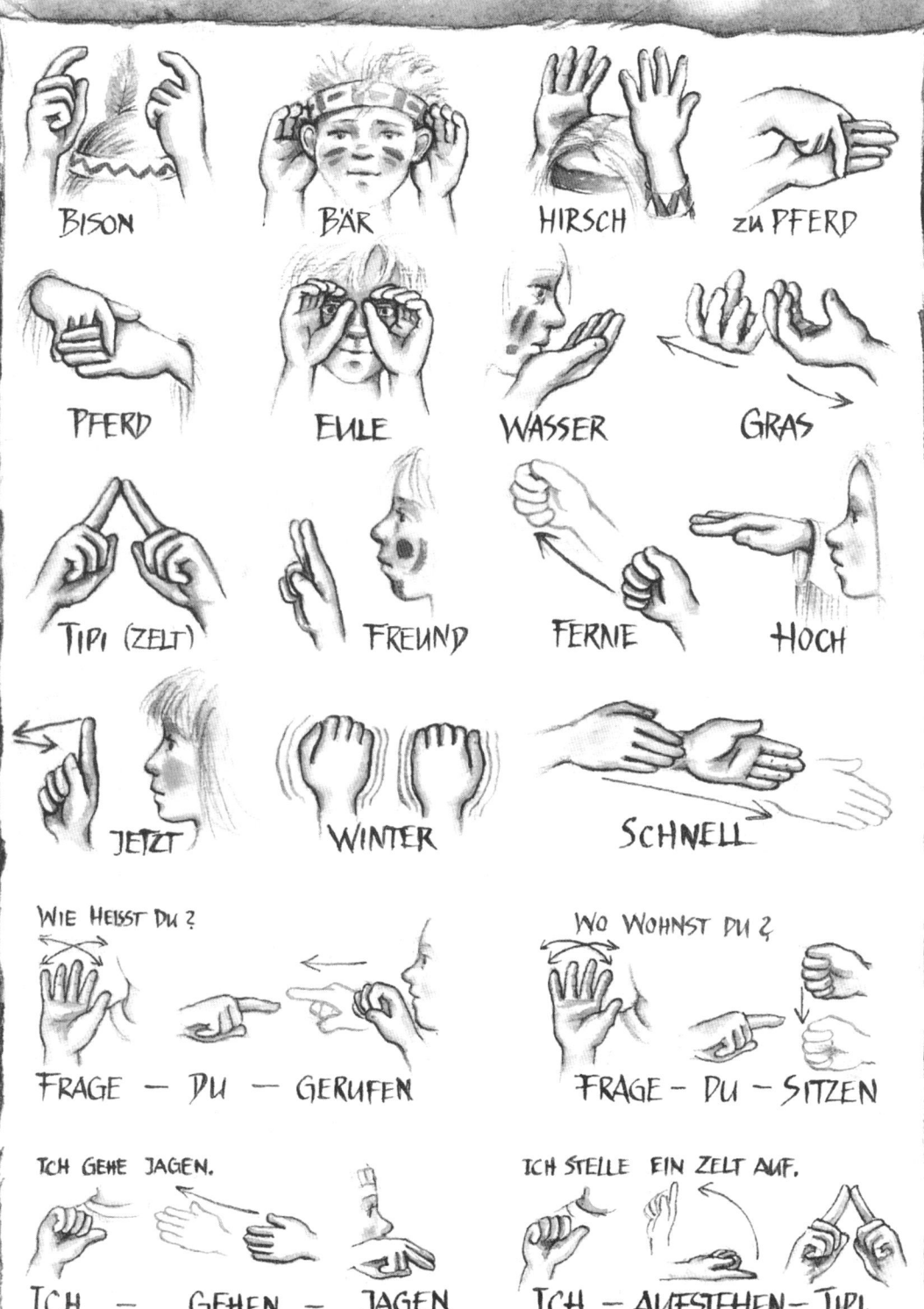

Morsen

Zwar ist das Morsen keine Erfindung der Indianer, sondern der Weißen, aber es spielte für das Leben der Indianer eine wichtige Rolle. Bei der Besiedelung der USA brauchten die Weißen Möglichkeiten, Nachrichten schnell über weite Strecken hinweg schicken zu können. Es wurden Telegrafenleitungen gelegt, die oft über Hunderte von Kilometern durch die Wildnis führten und über die, lange vor dem Telephon, mittels Morsezeichen Botschaften übermittelt wurden. Vor allem in den Zeiten der Indianerkriege, als viele Stämme immer wieder aus den ihnen zugeteilten Reservaten flüchteten und von den Weißen verfolgt und ausgerottet wurden, konnten die Weißen mit ihren Telegraphenleitungen ihre Soldaten in die richtigen Gegenden lenken und hatten so entscheidende Vorteile. Die Indianer lernten jedoch bald, wie die Weißen das bewerkstelligten und begannen in solchen Fällen, die Telegraphenleitungen zu zerstören. Besonders schlaue Häuptlinge aber zerstörten die Leitungen nicht, sondern lernten das Morsealphabet und hörten draußen in der Wildnis die Botschaften der Weißen ab - so konnten sie ihren Verfolgern immer wieder entkommen, ohne daß diese merkten, woher die Indianer ihre „hellseherischen" Fähigkeiten hatten.

Das Morsealphabet besteht ausschließlich aus zwei Zeichen: Punkt und Strich. Jeder Buchstabe hat eine eigene Zeichenkombination. Zwischen zwei Buchstaben gibt es eine kurze Pause; eine längere Pause kennzeichnet ein Wortende. Morsen kann man auf verschiedene Arten. Bei Dunkelheit kann man mit einer Taschenlampe, vor die man eine Hand hält, lange und kurze Blinksignale geben. Mit einem Feuer und einer Decke können wir große und kleine Wolken produzieren. Mit zwei Trommeln können wir hohe und tiefe Schläge abgeben. Auf einer Flöte spielen wir hohe und tiefe Töne. Zur Not können wir sogar bei Blickkontakt mit einem Zweig morsen. Kurz nach rechts gehalten bedeutet Punkt, lange nach links gehalten bedeutet Strich.

Das Morsealphabet

a	.-	u	..-
b	-...	v	...-
c	-.-.	w	.--
d	-..	x	-..-
e	.	y	-.--
f	..-.	z	--..
g	--.	ä	.-.-
h	....	ö	---.
i	..	ü	..--
j	.---	ch	----
k	-.-	1	.----
l	.-..	2	..---
m	--	3	...--
n	-.	4	....-
o	---	5	.....
p	.--.	6	-....
q	--.-	7	--...
r	.-.	8	---..
s	...	9	----.
t	-	0	-----

Einige Beispiele:

Tipi	- .. .--. ..
Bison	-... .. ... --- -.
Pferd	.--. ..-. . .-. -..
Mond	-- --- -. -..

Indianer-Briefe

Einige Indianervölker kannten bereits Briefe. Meist waren es in Baumrinde eingezeichnete bildhafte Darstellungen. Bei den mittelamerikanischen Hochkulturen wurden Briefe als Knoten-Code in Schnüre geknüpft.

Material: Ast, Taschenmesser
Alter: ab 10 Jahren

Mittels der Morsezeichen lassen sich sogar „Indianerbriefe" verschicken. Man benötigt dazu nur einen Ast und ein Taschenmesser. In die Rinde des Astes werden nun Kerben geschnitten. Eine große Kerbe bedeutet ein langes Zeichen, eine kleine Kerbe stellt ein kurzes Zeichen dar. Ein Kreuz markiert den Anfang des Textes.

Wer das Morsealphabet beherrscht, der ist in der Lage, sich durch Klopfzeichen oder nachts durch Lichtzeichen bei vielen Gelände- und Abenteuerspielen erhebliche Vorteile zu sichern und das Spiel entscheidend zu beeinflussen.

Siehe, was ich sagen will

Reden ohne Worte war vor allem bei der Jagd wichtig. Denn dabei konnte man nicht sprechen, ohne das Wild zu verscheuchen. Man mußte seinen Brüdern und Schwestern also durch Gesten zu verstehen geben, was man von ihnen wollte.

Material: -
Alter: ab 4 Jahren

Ein gestisches Spiel vor allem für jüngere Kinder. Alle Kinder sitzen im Kreis. Zwei Kinder stehen in der Mitte. Ein Kind bekommt einen ganz kurzen Satz, der eine Aufgabe beschreibt, eingeflüstert, z.B. „Bringe mir einen Löffel", „Steige auf den Stuhl", und muß nun versuchen, das andere Kind ausschließlich durch Zeichensprache dazu zu bringen, ihm diesen Wunsch zu erfüllen.

Wettermelder

Material: Tannenzapfen, Schnur
Alter: ab 3 Jahren

Um das Wetter des nächsten Tages zu erfahren, brauchen Indianer weder die Wetterkarte, noch einen Wetterfrosch. Sie klären die Frage, indem sie sich einen schönen, großen Tannenzapfen suchen und diesen so an das Zelt binden, daß die Spitze nach oben zeigt. Wenn die Schuppen sich flach anlegen, ist mit feuchtem Wetter zu rechnen. Wird es dagegen sehr trocken, dann sträuben sich die Schuppen.

Rauchzeichen

Wenn das Feuer der Indianer brennt, dann ist auch die Zeit für Rauchzeichen gekommen. Als weiteres Kommunikationsmittel neben der Zeichensprache, können wir diese Art von Zeichen als „indianisches Telefon" bezeichnen.

Material: Feuer, Tuch
Alter: ab 10 Jahren

Wenn grüne Zweige oder gar Gras in das Feuer geworfen werden, entsteht der Qualm, aus dem die Rauchzeichen sind. Ein recht feuchtes Tuch wird an allen vier Enden hoch über das Feuer gehalten. Durch kurzes Wegziehen des Tuches bilden sich große und kleine Rauchwolken. Zur Verständigung hatten alle Stämme völlig unterschiedliche Zeichengruppen entwickelt. Wir können uns z.B. an das Morsealphabet halten, indem wir die kurzen Zeichen durch kleine Wolken und die langen Zeichen durch große Wolken darstellen. Vielleicht entfachen wir einmal zwei Freundschaftsfeuer und versuchen, uns so zu verständigen?

Sonnentanz und Opfergaben

Sieh nicht nur
mit deinen Augen,
sondern auch
mit sehendem Herzen.

John Epes Brown

Der Indianer lebte schon immer in einem Land der Geheimnisse. Sein Leben war ein langes, immerwährendes Glaubensritual. Er sah, was nicht sichtbar war, und hörte Stimmen, die nur er verstand. Selbst die einfachsten Dinge des Alltags verwandelten sich so zu Riten und Gebeten. Christliche Missionare, welche den Indianern die Bibel und den Gott der Christen nahebringen wollten, glaubten, daß Manitu das indianische Wort für Gott sei - was aber so keineswegs richtig ist. Manitu bezeichnet vielmehr alle Kräfte, die Menschen, Pflanzen, Tiere und die gesamte Natur durchdringen. Für dieses Zusammenwirken der verschiedenen Lebenskräfte benutzen Indianer ein Wort aus ihrer eigenen Sprache. Die Ojibwa sagen Manitu, die Dakota nennen es Wakan, und die Irokesen sprachen von Orenda.

Im Gegensatz zu den Weißen gab es bei den Indianern auch keine Kirche. Sie brauchten keine Priester als Mittler zwischen sich und der Geisterwelt. Der Mensch war das Bindeglied zwischen Erde und Himmel. Träume und Visionen waren die Verbindung zwischen dem einzelnen Indianer und dem großen Geist. Allein sie sagten ihm, was er tun mußte. Der Indianer hielt seine Andacht allein und in Stille. Sein Glaube war etwas sehr Persönliches. Seine Visionen waren nur für ihn, für niemand sonst. Er versuchte auch niemanden davon zu überzeugen, daß dies die einzig richtige Art wäre. Missionarisches Anspruchsdenken war den Indianern zu allen Zeiten fremd. Aufgrund seiner Visionen wählte ein Indianer den Inhalt seines „Medizinbündels", seines heiligen Bündels, das er nur öffnete, wenn er allein war. Heiliges Bündel und Pfeife waren seine eigene Kirche, die er immer bei sich trug, ähnlich wie die Juden im Alten Testament die Bundeslade. Die Gegenstände des heiligen Bündels eines Mannes - Steine, eine besonders geformte Wurzel, Klauen oder Knochen eines Tieres - und seine Friedenspfeife waren nicht allein leblose Dinge. Sie hatten ihr eigenes Leben und große Macht, waren seine „Medizin", die ihm Schutz gewährte und Kraft gab.

Sicher mag manch einer von seinem heutigen Wissensstand aus den Glauben der Indianer belächeln. Beachtenswert ist dabei jedoch stets, daß der Glaube der nordamerikanischen Indianer immer von einer grenzenlosen Toleranz geprägt war. Indianer haben niemals Andersgläubige verfolgt oder versucht, ihnen ihren Glauben aufzuzwingen, sie kannten keine Kirche und keine Inquisition. Die Glaubensgeschichte der Indianer Nordamerikas ist somit weit weniger von Blut und Leid befleckt, als z.B. die weißer Nationen.

Im Glauben der Indianer spielten immer auch kultische Gegenstände eine große Rolle. In allen vorkolumbianischen Kulturen war vor allem die Maske ein rituelles Objekt. Schon ihre Herstellung galt einst als Kulthandlung. Die Irokesen überließen ihrem Schamanen die sorgfältige Auswahl des Baumes, in den die Maske geschnitzt werden sollte. Eine solche Maske nannten sie Falschgesicht. Das Schnitzen geschah buchstäblich am lebenden Baum. Die Farbe spiegelte den Augenblick des Tages, in dem die Maske hergestellt wurde, wider: rot für den Morgen, schwarz für den Nachmittag und Abend, zweifarbig dann, wenn die Arbeit den ganzen Tag in Anspruch genommen hatte. Neben Holz fanden bei der Maskenherstellung unzählige andere Materialien ihre Verwendung: Elfenbein, Knochen, Muscheln, Metall, Stein, Keramik, Segeltuch, Federn. Masken waren von Alaska bis Feuerland nahezu allen Völkern bekannt.

Männer mit besonderen Kenntnissen, die ihnen Macht verliehen, Kranke zu heilen, waren hoch geachtet. Man nannte sie Medizinmänner. Aber auch hier gab es große Unterschiede in der Art des Medizinmannes. Ein Mensch konnte heilig sein, aber er mußte weder Wunder, noch Außerordentliches vollbringen. Von ihm ging die besondere Macht aus, Gutes zu tun; keiner konnte es erklären, aber alle fühlten es. Äußerst mitfühlend lebte und arbeitete er für sein Volk. Ein solcher Mann war auch Sitting Bull.

Eine andere Art Medizinmann war der Heilkundige. Er kannte die Heilkräuter und ihre Anwendung bei der Behandlung kranker Menschen. Auch bei uns gab es noch bis vor wenigen Jahren in allen Apotheken und Drogerien Heilkräuter zu kaufen. Unsere Großeltern sammelten oder kauften Kräuter gegen Kopfschmerzen und Husten, gemahlene Wurzeln gegen Magenschmerzen, Kräutertee als Schlafmittel. Die Medizinmänner mit ihren Kräutern waren die Ärzte und Apotheker ihres Stammes. Zaubertricks und Beschwörungen waren anerkannte Heilmethoden. Mit Hilfe von Taschenspielertricks zauberten sie Stachelschweinborsten, Holzstücke und Eidechsen aus dem Mund ihres Patienten. Dies alles war jedoch nicht nur Scharlatanerie. Auch das Lächeln und die beruhigenden Worte eines guten modernen Arztes, seine glitzernden Instrumente dienen zur Beruhigung des Patienten und geben ihm den Glauben an seine Genesung. Der Mensch, der glaubt, sein Arzt habe eine gute Hand oder einen besonderen Blick, eine Art sechsten Sinn, ist schon halb geheilt.

Für den Prärie-Indianer waren Leben und Tod ein endloser Kreislauf. Die Sonne starb jeden Tag, um am Morgen wiedergeboren zu werden. Pflanzen welkten in der Kälte des Winters, um zur Zeit des Grünens wieder zu sprießen. Ebenso war es mit dem Stamm. Die Geister der Toten wandelten auf dem Kriegspfad ins Land der vielen Zelte. Dort war die Prärie immergrün, und die Menge der Büffel und Antilopen ohne Zahl. Die Prärie-Indianer begruben ihre Toten nicht. Sie legten die sterblichen Überreste auf hohe Gerüste, von wo ihr Geist in den Wind und in die Wolken entweichen konnte. Die Angehörigen des Verstorbenen, Männer gleichfalls wie Frauen, schnitten ihr Haar ab und bemalten sich mit Trauerfarben, um ihren Kummer zu bekunden. Die Besitztümer des Verstorbenen wurden nicht an seine Kinder vererbt, sondern verschenkt. So war es früher, und so ist es noch heute. Bei jeder Mahlzeit legen die Indianer Teile der Speisen für die Geister der Toten beiseite. Für den Indianer war der Tod etwas ebenso Natürliches wie die Geburt. Man starb, um in die Geisterwelt zu reisen, während der Stamm weiterlebte. Die Jüngeren traten an die Stelle der Älteren.

Indianer achten auch heute noch die Kräfte, die den Menschen, Tieren und Pflanzen Leben geben. Aber auch Naturkräfte, die im Wasser, in Bergen und Gestirnen zu finden sind. Es ist ihnen wichtig, im Einklang mit diesen Kräften zu leben und die Fähigkeiten eines jeden Menschen, wie aller anderen Lebewesen, als gleichberechtigt anzuerkennen.

Totempfahl

Die Indianer der Nordwestküste schlugen aus mächtigen Baumstämmen Totempfähle, die mit dem Gesicht zum Meer vor ihren Zedernholzhütten standen. Sie hatten eine religiöse Bedeutung und sollten vor allem Naturkatastrophen wie Springfluten verhindern. Viele andere Völker kannten solche Totempfähle nicht, was uns aber nicht daran hindern soll, uns gemeinsam einen eigenen Totempfahl für unser Lager zu bauen. Dafür müssen wir jedoch mit mehreren Indianern einen ganzen Tag einplanen.

Material: Baumstamm, Försterkreide, Stemmeisen, Holzfarbe oder Beize, Spaten, Holzkeile

Alter: ab 10 Jahren

Der Stamm mit ca. 30 bis 40 cm Durchmesser und ca. 2,5 m Höhe, den wir uns vom Förster oder einem Sägewerk holen und auf keinen Fall im Wald schlagen, wird auf den Boden gelegt. Die Rinde wird vollständig entfernt. Dann zeichnen wir mit Försterkreide die Muster auf. Einige Beispiele finden sich auf dieser Seite. Die Muster werden mit Stemmeisen ausgestemmt. Zum Schluß können wir die Muster mit Holzfarbe oder Beize farblich hervorheben. Dann heben wir ein mindestens 50 cm tiefes Loch aus und stellen den Totempfahl hinein. Mit Holzkeilen wird er fixiert, das Loch mit Erde zugeschüttet und fest verstampft.

Mini-Totempfahl

Material: Papprolle, Pappe, Farbe, Klebstoff, buntes Papier, Naturmaterialien
Alter: ab 3 Jahren

Als kleinere Bastelaktivität für jüngere Kinder, z.B. im Kindergarten, bietet sich der Bau eines eigenen Mini-Totempfahls an. Basis ist eine Papprolle für Küchentücher, die auf eine ca. 10 x 10 cm große Pappe geklebt wird.

Diese Papprolle kann dann frei gestaltet werden. Durch Anmalen, ankleben von Pappe, Papier oder anderen Stoffen bekommt so jeder Mini-Totempfahl sein individuelles Aussehen.

Tonflöte

Die Flöte war ein beliebtes indianisches Instrument. Sie wurde für Liebeslieder, aber auch oft für alle religiösen Feste und Tänze benutzt. Zusammen mit Trommeln und Rasseln stellte sie eines der klassischen indianischen Instrumente dar.

Material: Ton, Schaschlikspieß
Alter: ab 8 Jahren

Wir kneten eine handvoll Ton gut durch und formen ihn zu einer Kugel. Dann drucken wir einen Daumen in die Kugel und formen aus ihr eine Schale.

Diese Schale wird im Mittelteil der Wandung zusammengebogen und verstrichen, so daß wir einen eiförmigen Hohlraum erhalten. Aus dem einen Ende wird nun ein Vogelkopf, aus dem anderen der Schwanz geformt. Nach einiger Trocknungszeit werden mit einem Schaschlikspieß durch Schwanz und Kopf Luftlöcher gestoßen. Ebenso kann man zwei bis drei Grifflöcher bohren. Die fertige Flöte kann an der Sonne getrocknet oder im Feuer gebrannt werden. Musikalische Wunder kann man zwar nicht von ihr erwarten, aber bereits mit einem Griffloch kann die Kuckucksmelodie geblasen werden. Besonders ideal dagegen ist sie für Signale und Spiele (z.B. Pfeifer und Jäger).

Medizinbeutel

Junge Indianer mußten bei vielen Stämmen, bevor sie zu erwachsenen Kriegern heranreiften, oft viele Wochen in der Einsamkeit fasten und meditieren. Dabei hatten sie Visionen, in denen ihnen ihre Schutzgeister erschienen, um ihnen mitzuteilen, welche Gegenstände (z.B. Federn, Steine, Lederstücke, Maiskörner) sie für ihren Medizinbeutel sammeln sollten. Der fertige Medizinbeutel galt als heiligstes Gut eines jeden Kriegers. Wenn er ihn verlor, verließ ihn auch das Glück.

Material: Lederreste, Schere, Lochzange, Lederschnur, Kräuter und andere Naturmaterialien. Für Variante: Stoffrest, Nadel und Faden

Alter: ab 6 Jahren / Variante ab 4 Jahren

Aus Lederresten wird ein Kreis von ca. 30 cm Durchmesser geschnitten und 2 cm vom Rand entfernt mit Löchern versehen. Eine Schnur durch alle Löcher fädeln und am Ende wieder verknoten. Die zweite Schnur wird auf die gleiche Weise eingearbeitet, jedoch beginnen wir damit an der gegenüberliegenden Seite. Zwischen zwei Löchern werden mit Wollresten kurze Schlingen geknotet, die Ton- oder Holzkugeln enthalten. Der Medizinbeutel kann mit wohlriechenden und gesunden Kräutern gefüllt werden, zusätzlich aber auch mit Federn, schönen Steinen, Eicheln, Buchekkern, u.v.m.

Eine einfachere Variante, vor allem für jüngere Kinder, stellt der Stoff-Medizinbeutel dar: Hier wird statt des Leders ein entsprechend großer Stoff- oder Filzrest genommen. Er braucht nicht gelocht zu werden. Durch Auf- und Abstechen wird der Rand des Stoffkreises mit einem Wollfaden und einer passenden Nadel umnäht und anschließend zusammengezogen. Gefüllt wird er genau so wie sein Pendant aus Leder.

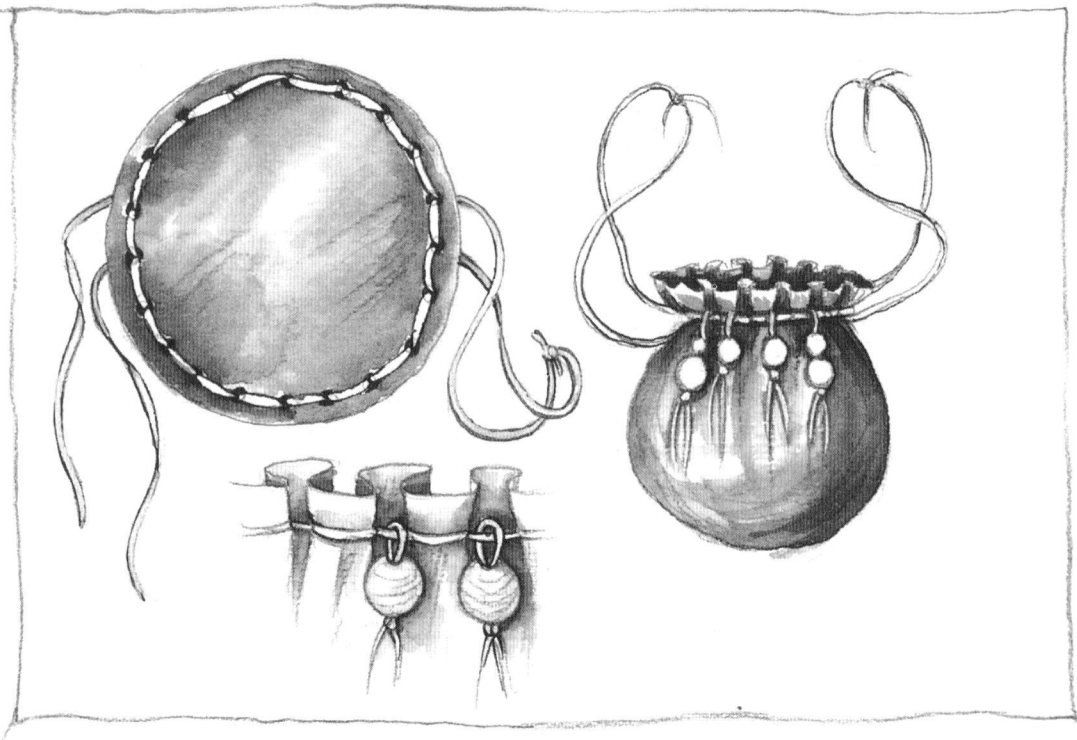

Material: Selbstgebastelte Totems
Alter: ab 6 Jahren / Variante ab 3 Jahren

Auf der Jagd nach dem heiligen Totem

Totems, d.h. magische Gegenstände, gab es bei den Indianern nicht nur in Form großer Totempfähle. Es konnte sich genauso um Gegenstände des Alltags handeln, die ein Indianer in einer Vision gesehen hatte und die deshalb für ihn eine magische Wirkung hatten. Tierklauen, Federn, Steine oder Wurzeln konnten ebenso Totems sein wie selbst oder vom Medizinmann gefertigte Gegenstände. Bei einigen Völkern war es üblich, bei Streitereien mit anderen Stämmen nicht gleich einen Kriegszug anzuzetteln, sondern sich erst in einem sportähnlichen Wettstreit zu üben. Man versuchte, sich gegenseitig Totems zu stehlen, ohne erwischt zu werden. Wenn beide Parteien durch erfolgreiche Taten ihre Rachegelüste gestillt und ihren Mut und ihre Geschicklichkeit bewiesen hatten, dann tauschten sie die Totems feierlich wieder aus und schlossen Frieden.

Spielfeld für unsere Totemjagd ist ein Wald oder ein ähnliches Gelände mit vielen kleinen Versteckmöglichkeiten für das heilige Totem. Je drei bis vier Spieler einer beliebig großen Gruppe basteln sich aus verschiedenen Materialien ein heiliges Totem, welches sie rot bemalen. Dann macht sich je eine Gruppe auf den Weg und versteckt das heilige Totem in einem Gebüsch, auf einem Baum oder in einem Baumstumpf. Ist das heilige Totem an einem sicheren Ort untergebracht, müssen sich auch die Spieler in einem Abstand von 30 m ringsherum verstecken. Zehn Minuten später machen sich alle anderen Indianer auf die Suche nach dem heiligen Totem. Aus den Standorten der Wächter kann die ungefähre Lage des heiligen Totems ermittelt werden; alles Weitere regelt der natürliche Spürsinn der Sucher! Hier eine Variation für den Kindergarten: Versteckt die Erzieherin in einem festgelegten Gelände oder dem Gruppenraum einige Totems, so kann die Gruppe gemeinsam auf die Suche gehen.

Trommel

Trommeln spielten in der Kultur der Indianer immer eine große Rolle. Als Rhythmusinstrument für Tänze aller Art wurden Trommeln nahezu immer eingesetzt. Als Nachrichtenmittel, ähnlich den Rauchzeichen, wurden sie dagegen nur von wenigen Stämmen benützt. Die Trommeln wurden im Original aus Ton oder aus Holz hergestellt und mit Leder verspannt. Teilweise wurden sie verziert oder bunt bemalt.

Material: Waschmitteltonne oder große Konservendosen, Bohrer, Fensterleder oder Elefantenpapier, Lochzange, Schnur, Kordel, Schere, Paketklebeband, Äste
Alter: ab 6 Jahren / Variante ab 4 Jahren

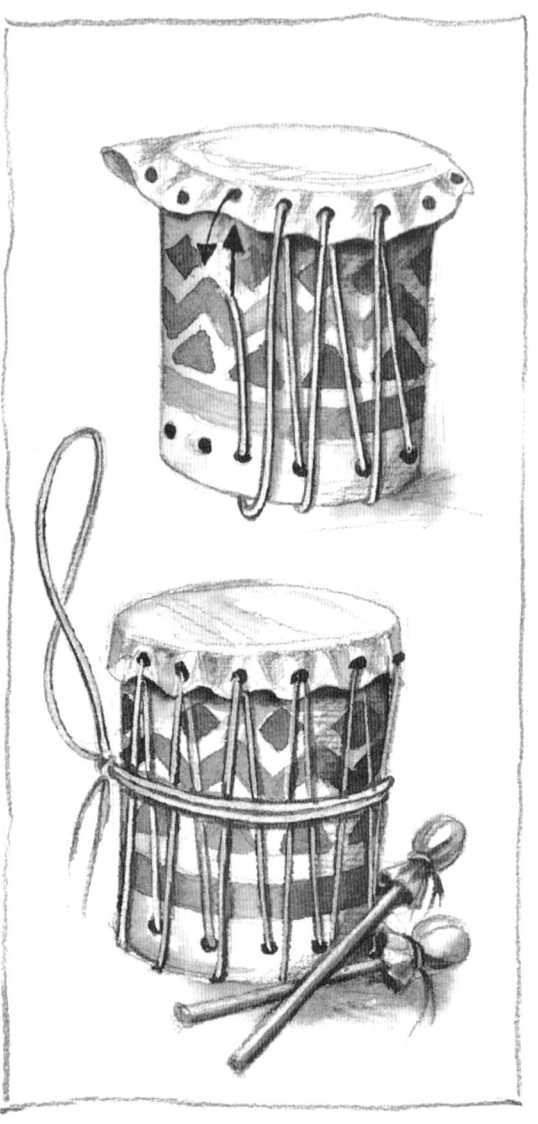

Unsere Trommeln werden wir etwas einfacher gestalten. Eine leere Waschmitteltonne oder große Konservendose (gibt es kostenlos bei Großküchen und Kantinen) wird mit bunten Mustern verziert. Auf der Unterseite werden ca. 2 cm vom Boden entfernt gleichmäßig 16 Löcher gebohrt. Ein Fensterleder wird rund geschnitten, so daß sein Durchmesser ca. 5 bis 10 cm größer als der der Dose mißt. 4 cm vom Rand werden ebenfalls 16 Löcher gebohrt. Das Leder wird kurz in kaltes Wasser getaucht und ausgewrungen. Es muß jedoch ganz durchfeuchtet sein. Eine Schnur wird wie bei einem Schuh durch alle Löcher im Boden und im Trommelfell straff gezogen und am Ende verknotet. Wer will, kann noch eine Trageschlaufe aus Kordel um die Trommel binden und sie mit Federn verzieren.

Die Schlegel werden aus zwei kurzen Ästen gemacht, die an einem Ende mit Stoffresten und Schnur fest umwickelt werden.

Variante: Statt eines Fensterleders kann man auch Elefantenpapier nehmen, dies ist erheblich kostengünstiger und erfüllt seinen Zweck fast genauso gut. Es wird in Kreisform geschnitten, so daß sein Durchmesser etwa 5 cm größer als der der Tonne ist. Dann wird es auf die Trommel gelegt: Der Papierüberhang wird in regelmäßigen Abständen eingeschnitten und umgeknickt. Anschließend wird das Papier durch Umwickeln der Tonne mit Paket-Klebeband fixiert.

Medizinmann-Maske

Medizinmänner waren bei den Indianern Priester und Ärzte zugleich. Bei einigen Stämmen übten sie sogar die Funktion des Richters aus. Medizinmänner konnten sich im Glauben der Indianer mit den übersinnlichen Kräften in Beziehung setzen und sie zugunsten oder zuungunsten der Mitmenschen beeinflussen. Sie kannten aber auch viele Heilpraktiken und natürliche Heilmittel, die zum Teil erst heute für unsere Medizin „wiederentdeckt" werden. Zur Ausübung ihrer Aufgaben setzten sie sich bunte Masken auf.

Material: Wassereimer, Alufolie, Sisalschnur, Nadeln, Kleister, Farbe, Pappe
Alter: ab 4 Jahren

Für eine solche Maske wird ein Wassereimer mit der Öffnung nach unten auf die Pappe gestellt und mit Alufolie überzogen. Ein Ende einer Sisalschnur wird verknotet und mit einer Stecknadel am Rand des Eimers fixiert. Dann wird sie über den Eimer auf die andere Seite gezogen und dort ebenfalls fixiert. So wird die Schnur mehrmals kreuz und quer über den Eimer gezogen und verankert, bis ein richtiger Korb entsteht. Dann wird alles dick mit Kleister eingestrichen und mehrere Stunden getrocknet. Am nächsten Tag werden die Nadeln entfernt und eine weitere Schicht Kleister aufgetragen. Ist auch diese getrocknet, kann die Alufolie entfernt und das Maskengerüst vom Eimer abgehoben werden. Schließlich folgt das Bemalen oder Ausschmücken der Maske nach Herzenslust.

Missionarsjagd

Vor allem in Lateinamerika haben die Missionare, vor allem die Jesuiten, keine rühmliche Geschichte hinterlassen. Viele Sekten und Orden haben auf der Suche nach „verlorenen Seelen" die ungläubigen Indianer zwangsweise im Dutzend bekehrt und bei Widerspenstigkeit einfach umgebracht. Wen wundert es da, daß die Indianer auch viele Missionare töteten oder vor ihnen flohen. Denn mit ihnen kam nicht nur eine fremde Religion, sondern oft auch Krankheit und Tod. Gegen viele Krankheiten der Weißen, die die Missionare einschleppten, wirkte das Immunsystem der Indianer nicht. Ganze Völker wurden durch Ruhr oder Grippe ausgerottet.

Material: Trommel
Alter: ab 7 Jahren

Unser kleiner Indianerstamm (die eine Hälfte der Gruppe) hat keine Lust, sich missionieren zu lassen und zieht mit einer Trommel voraus. Fünf Minuten später folgt die Missionarsgruppe. Alle drei Minuten müssen die Indianer laute Trommelsignale abgeben. Die Missionare versuchen, aufgrund der Trommelsignale die Indianer zu entdecken. Nach Ablauf einer Stunde muß der Indianerstamm eingeholt worden sein, sonst verlieren die Missionare die Lust, und die Indios haben gewonnen.

Natur-Rassel

Rasseln waren bei den Indianern als Musikinstrumente neben Trommeln und Flöten sehr beliebt. Für einige Tänze banden sich die Indianer viele Rasseln an ihre Gürtel, Hand- und Fußgelenke. Zwanzig mit Rasseln versehene Tänzer im Rhythmus einer Trommel geben eine wahnsinnige Geräuschkulisse ab.

Material: Flaschenkürbis oder kleine Kokosnuß, Säge, Kieselsteine, Alleskleber, Schnur, evtl. Farbe
Alter: ab 8 Jahren

Ein Flaschenkürbis oder eine kleine Kokosnuß wird aufgesägt und mit Kieselsteinen gefüllt. Die Behältnisse sollten dabei nur zu rund einem Viertel gefüllt werden, so entstehen später die lautesten Geräusche. Nach dem Zukleben der Rasseln werden diese fest mit Schnur umwickelt und können anschließend mit Farben bemalt werden.

Kinder-Rassel

Material: Kaputte Glühbirne, Papier, Kleister, Farbe, Hammer
Alter: ab 3 Jahren

Diese alternative Rassel ist vor allem für jüngere Kinder im Kindergarten oder zu Hause geeignet. Eine alte, durchgebrannte Glühbirne wird abwechselnd mit mehreren Schichten Zeitungspapier und Tapetenkleister umhüllt. Dann läßt man das Produkt gut austrocknen. Mit dem Hammer wird dann die Birne im Inneren zerschlagen. Die fertige Rassel kann man bunt bemalen.

Rasselspiel

Unsere selbstgebauten Rasseln können wir jetzt gleich ausprobieren.

Material: Rassel, Tuch zum Augenverbinden
Alter: ab 3 Jahren

Die Indianer sitzen im Kreis. In der Mitte stehen zwei Indianer, der eine mit verbundenen Augen, der andere mit einer Rassel in der Hand. Der „blinde" Indianer versucht nun, den anderen aufgrund der Rasselgeräusche zu hören und zu fangen. Dieser muß um den blinden Indianer herum einen Tanz aufführen.

Der Schatz des Häuptlings Blinder Bär

Material: Tuch zum Augenverbinden, Rassel
Alter: ab 3 Jahren

Der Häuptling Blinder Bär sitzt mit verbundenen Augen auf dem Boden. Seine Beine hat er ausgestreckt. Zwischen ihnen liegt sein Schatz: eine heilige Rassel, die er für den Sonnentanz benötigt (wir können auch als Ersatz ein Schlüsselbund nehmen). Er meditiert und lauscht dabei angestrengt auf die Geräusche in seiner Umgebung. Um ihn sitzen in einem Kreis mit mindestens fünf Metern Durchmesser die jungen, übermütigen Indianer. Sie verständigen sich mit Handzeichen und wählen so einen der ihren aus. Sodann ruft der Ausgewählte: „Großer Häuptling, bist du bereit?". Dieser antwortet mit einem tiefen „Howgh, ich habe gesprochen". Der Ausgewählte versucht, möglichst leise zum Häuptling zu schleichen, um ihm den Schatz zu stehlen. Alle anderen Spieler sind mucksmäuschenstill. Der Häuptling darf sich an seinem Platz bewegen, wie er will. Gelingt es ihm, den Ausgewählten abzuschlagen, muß dieser zu seinem Platz zurückkehren und ein neuer Herausforderer wird bestimmt. Gelingt es jedoch dem jungen Krieger, den Schatz zu erhaschen ohne berührt zu werden, so wird er zum Häuptling und muß nun wiederum seinen Schatz gegen den anschleichenden Dieb verteidigen.

Peteka

Peteka war ein religiös motiviertes Spiel der Indianer im Dschungel Brasiliens, von dem das heute bekannte Indiaca-Spiel abstammt.

Material: Socken, Zeitung, Gummi, Schere
Alter: ab 3 Jahren

Für das Spiel basteln wir uns den Flugball aus einem alten Socken, einer Zeitung und einem stabilen Gummi. Der Socken wird ganz unten mit Zeitungspapier gefüllt, bis eine kugelförmige Wölbung entsteht. Diese wird an ihrem Ende mit einem Gummi fest abgebunden. Der restliche Teil des Sockens wird in dünne, lange Streifen geschnitten.

Diesen Flugball schlägt man sich gegenseitig mit der bloßen Hand zu. Wer möchte, kann auch ein richtiges Wettspiel damit veranstalten.

Zwei Mannschaften mit je mindestens drei Spielern (die Anzahl ist nach oben offen) befinden sich in einem kreisförmigen Spielfeld von ca. 10 m Durchmesser (bei mehr Spielern entsprechend größer). Am besten spielt man Peteka im Sand oder sogar im Wasser. Eine Mannschaft beginnt, indem sie den Ball senkrecht in die Luft schleudert, dann muß die andere Mannschaft versuchen, zu verhindern, daß er auf dem Boden aufschlägt, indem sie ihn mit der Handfläche oder dem Handrücken wieder senkrecht nach oben schlägt. Kommt der Ball im Spielfeld auf, so erhält die Mannschaft einen Punkt, die ihn zuletzt geschlagen hat. Landet er außerhalb des Spielfeldes, so erhält die gegnerische Mannschaft einen Punkt. Die Mannschaft, die zuerst auf 20 Punkte kommt, hat gewonnen.

Bei Kindern im Kindergartenalter empfiehlt es sich, auf den Wettbewerbscharakter zu verzichten und Peteka frei zu spielen. Gemeinsam wird dabei laut gezählt, wie oft es der ganzen Gruppe gemeinsam gelingt, den Flugball wieder in die Luft zu schlagen, ohne daß er den Boden berührt.

Doppelball

Auch Doppelball war, wie nahezu alle indianischen Mannschaftsspiele, religiös motiviert. Es wurde vor allem im Rahmen religiöser Feiern quasi als Gottesdienst gespielt. Die Spieler nahmen es sehr ernst und verletzten sich oft dabei.

Material: Ledersäckchen oder Hölzchen, Schnur, ein Stock pro Spieler
Alter: ab 6 Jahren

Als Material dieser Spielbeschäftigung wird ein selbstgebastelter Doppelball benötigt. Er besteht aus zwei mit Sand gefüllten Ledersäckchen, die mit einer ca. 30 cm langen Schnur fest zusammengebunden werden. Bei mangelnder Vorbereitungszeit können aber statt der Ledersäckchen auch zwei Holzstücke ihren Einsatz finden. Jedes Kind sucht sich einen armlangen Stock, der vorne ruhig etwas gebogen sein kann. Die Spieler (beliebig viele) teilen sich in zwei Mannschaften und stecken in gehörigem Abstand zwei Tore ab. Die Spielregeln sind einfach. Zu Beginn wird der Doppelball in die Höhe geworfen, und zwei Kinder hangeln danach, während die Gruppen etwas abseits stehen. Das Kind, das den Ball erwischt, schleudert ihn seiner Mannschaft zu. Diese versucht, ihn zu fangen und über die gegnerische Torlinie zu werfen. Der Doppelball darf nur mit dem Stock aufgenommen und geschleudert werden. Außerdem darf sich sein momentaner Besitzer jeweils höchstens drei Schritte mit dem Ball fortbewegen.

Totemjagd

Material: rote und blaue Armbinden, selbstgebastelte Totems
Alter: ab 8 Jahren

Die Spieler teilen sich in zwei Gruppen. Spielfeld ist ein genau begrenztes Waldstück. Ein Viertel sind Krieger vom Stamme der „Rotarme", die heilige Totems von einem Versteck in ein anderes bringen sollen. Die Krieger dieses Stammes tragen rote Armbinden. Sie bekommen von der Spielleitung ein Start- und ein Zielversteck benannt. Sobald sie spielbereit in ihrem Startversteck versammelt sind, kann der Totem-Transport beginnen. Dabei darf jeder Krieger immer nur ein Totem transportieren. Wird einer von ihnen dabei von einem der Krieger aus dem Stamme der „Blauarme" (natürlich mit blauen Armbinden) abgeschlagen, so muß er seinen Gegenstand abliefern. Die Blauarme wissen zu Beginn nicht, wo Start und Ziel der anderen Gruppe versteckt liegen. Das ausfindig zu machen ist ihre Aufgabe. Insgesamt geht es um ca. 10 Totems, welche in einer Zeit von 15 Minuten verschoben werden müssen. Am Ende rufen alle laut „Haguh" („Komm her..."). Eine Zählung zeigt, wie viele Gegenstände die „Rotarme" in ihr Zielversteck bringen konnten, aber auch, wie viele ihnen abgenommen wurden.

Lacrosse

Ein ursprünglich religiöses Spiel der Choctaw, Sioux, Cheyenne und Assiniboin. Urtümlich bestanden die beiden Mannschaften aus je mehreren hundert Spielern, manchmal waren die Torlinien mehrere Kilometer voneinander entfernt. Aufgabe war es, den Ball mit dem kleinen Netz eines langstieligen Schlägers aufzufangen und ihn über die gegnerische Torlinie zu bringen. Dabei ging es ziemlich ruppig zu. Noch heute wird Lacrosse in den USA gespielt.

Material: Fuß- oder Gummiball, Tücher
Alter: ab 6 Jahren

Indianisches Mannschaftenwählen

Indianer hatten Spaß am Spiel. Dabei gab es kaum feste Mannschaften. Oft ließen sie den Zufall entscheiden, wer zusammen in einer Gruppe spielte.

Material: Tuch zum Augenverbinden
Alter: ab 4 Jahren

Der Häuptling sitzt in der Mitte des Feldes. Alle Schläger der Spieler (z.B. für Lacrosse) werden auf einen Haufen vor ihn gelegt. Nachdem man ihm die Augen verbunden hat, nimmt er jeweils zwei Schläger gleichzeitig auf und legt je einen wieder rechtsseits und linksseits von sich ab. Sind alle Schläger verteilt, rennen die Spieler zu den beiden Haufen mit Schlägern, suchen ihr eigenes Spielgerät und schließen sich dem jeweiligen Team an. Wir können das heute auch für andere Spiele anwenden, indem z.B. jeder Spieler einen Schuh auf den Haufen legt.

Beliebig viele Spieler teilen sich bei unserer Lacrosse-Version in zwei gegnerische Mannschaften. Das Spielfeld entspricht in etwa einem Handballfeld. Die Form spielt keine Rolle, die Grenze muß aber klar erkennbar sein.
Auf zwei gegenüberliegenden Seiten wird eine ca. 3 m lange Torlinie markiert. Als Spielball dient uns ein Fuß- oder Gummiball in entsprechender Größe. Alle Spieler bekommen den linken (bei Linkshändern den rechten) Arm an die Hüfte gebunden, so daß sie nur mit einem Arm spielen können. Der Ball wird von einem der drei Schiedsrichter in die Menge geworfen. Er darf mit jedem Körperteil gespielt werden. Torhüter gibt es nicht. Kein Spieler darf sich jedoch mit dem Ball mehr als drei Schritte bewegen, sonst bekommt ihn die gegnerische Mannschaft. Nach einem Tor wird der Ball erneut vom Schiedsrichter eingeworfen. Das Spiel geht über zwei Halbzeiten à 10 Minuten.

Indianer-Leben Live

Alle in diesem Buch beschriebenen Beschäftigungen können unbegrenzt kombiniert werden, so daß zahlreiche Einheiten für die verschiedensten pädagogischen Konzepte in Kinder- bzw. Jugend- oder Schülergruppen entstehen.
Auf den folgenden Seiten sind einige Hinweise und Musterprogramme für folgende Einheiten dargestellt:

Indianergeburtstag   (ca. 3 Stunden)
Gruppennachmittag   (ca. 3 Stunden)
Projekttage in der Schule   (ca. 3 x 4 Stunden)
Tagesaktion   (ca. 8 Stunden)
Indianer-Wochenende   (2 Tage)
Bausteine für den Kindergarten (2 Wochen)
Indianer-Freizeit   (2 Wochen)

Natürlich sollen dies keine festen Programme, sondern lediglich Anregungen sein. Variationen je nach Alter und Anzahl der Kinder bzw. bestimmten thematischen Schwerpunkten sind angebracht. Die Beschäftigungen, die in diesem Buch detailliert beschrieben werden, sind **fett** gedruckt, über das Register lassen sich die passenden Seitenzahlen schnell finden.

Indianergeburtstag

Ideal ist für den Indianergeburtstag ein Haus mit Garten - zur Not kann er aber auch in einer Etagenwohnung zünftig gefeiert werden.
Die Gäste kommen am frühen Nachmittag, bereits als Indianer verkleidet, an.
Dort werden die jungen Indianer bei ihrer Ankunft vom Gastgeber begrüßt. Dann werden gemeinsam aus den bereitliegenden Naturmaterialien Farben hergestellt, mit welchen die Kinder sich anschließend gegenseitig bunt bemalen (**Gesichtsbemalung**).
Nach einer aufregenden **Bisonjagd** werden aus Decken, Stühlen und Besen mehrere **Fünf-Minuten-Tipis** gebaut. Im fertigen Indianerlager wird selbstgemachtes **Popcorn** verspeist.
Sobald die Indianer den größten Hunger gestillt haben, beginnt eine rasante Spielefolge:
Haguh
Jagd auf den schwarzen Mustang
Pina
Schlangentanz
Zum Abschluß geht es auf die Pirsch nach dem **Schatz des Häuptlings Blinder Bär**, der in diesem Fall von Vater oder Mutter dargestellt wird. Er bewacht eine ganze Kiste voll leckerer **Corn-Crisps**, welche die Kinder gemeinsam verspeisen dürfen, wenn eines von ihnen erfolgreich war.
Nach so einem anstrengenden und erlebnisreichen Nachmittag wird sich eine ganze Karawane müder und glücklicher Indianer nach Hause schleppen.

Gruppennachmittag

Der ideale Ort für einen Indianer-Gruppennachmittag ist ein schöner Waldspielplatz mit Grillstelle, ein kleines Grundstück bzw. ein größerer Garten.
Zusammen mit der Einladung hat jedes Kind die Bitte zugestellt bekommen, bereits als Indianer verkleidet zum Gruppennachmittag zu erscheinen.
Bei ihrer Ankunft werden die jungen Indianer von einem als Medizinmann verkleideten Betreuer begrüßt.
Er umtanzt die Kinder, begrüßt sie einzeln und gibt ihnen indianische Namen (**Namensgebung**), mit denen sie sich für den Rest des Nachmittages anreden sollen.
Dann folgen einige Spiele, z.B:
Bisonjagd, Der Schatz des Häuptlings Blinder Bär, Haguh, Jagd auf den schwarzen Mustang, Pina, Sockeln, Stöckchenschlagen, Schlangentanz.
Die Spiele werden vom Medizinmann oder von einem zweiten, als Häuptling verkleideten, Betreuer geleitet.
Sind die Indianer schließlich ordentlich ausgepumpt, geht es an das bereits von einem Betreuer entfachte **Feuer** (stimmungsvoller ist es, wenn es jetzt bereits etwas dunkel).
Zur Erfrischung stehen Säfte bereit. Dazu wird **Bohnen-Mais-Salat** und **Bannock**-Teig gereicht. Letzterer wird um Stöcke gewickelt und am offenen Feuer gebacken.

Bleibt noch etwas Zeit, so kann auf geeignetem Gelände im Halbdunkeln noch ein spannendes Geländespiel wie z.B. **Pfeifer und Jäger** oder das **Tarnspiel** für einen aufregenden Abschluß des Nachmittages sorgen.

Projekttage

Schulische Projekttage sind in den einzelnen Bundesländern und Schularten sehr unterschiedlich konzipiert. Eintägige Projekte, dreitägige Vorhaben oder sogar ganze Projektwochen werden praktiziert. Teils wird ohne jede Ergebnisorientierung gearbeitet, teils werden detaillierte Protokolle und/oder Abschlußberichte verlangt. Einige sind auf das eigentliche Schulgelände beschränkt und werden höchstens von Museumsbesuchen unterbrochen, während andere ihre Erfahrungen auf frei gewähltem Gelände sammeln können.

Aus diesem Grunde ist es äußerst schwierig, universell gültige Programme vorzuschlagen. Deshalb sei hier lediglich ein empfehlenswertes Grundmuster dargestellt.

Zu Beginn steht eine freie Assoziation. Jeder Schüler erhält drei Karten, auf welche er Begriffe schreibt, die ihm zum Thema Indianer einfallen. Die Karten werden eingesammelt, vorgelesen, gemeinsam thematisch sortiert und an einer Wand befestigt, die während des Projektes öfter betrachtet wird.

Als eigentlicher Einstieg bietet sich ein Film wie z.B. **Navajo** oder **Blauvogel** an, die beide sehr gut den indianischen Alltag aufzeigen.

Eine Diskussion darüber, was den indianischen Alltag und vor allem die Grundhaltungen der Indianer gegenüber uns unterscheidet, wird danach leicht in Gang kommen.

Solchermaßen sensibilisiert, können sich die Schüler daran machen, einige Alltagsgegenstände der Indianer selbst herzustellen, je nach Zeitbudget sind hierbei folgende Beschäftigungen denkbar:

Beil, Bogen, Bola, Stroh-Boot, Lederhemd, Ketten, Köcher, Kopfschmuck, Medizinbeutel, Medizinmann-Maske, Leder-Mokassins, Ohrringe, Natur-Rassel, Speer, Tipi, Tonflöte, Trommel, Wampum, Wandschmuck.

Parallel dazu werden Abbildungen der Originalgegenstände aus Sachbüchern abgemalt. Um die Projektergebnisse einer breiteren Öffentlichkeit zugänglich zu machen, wird in der Schule eine kleine Ausstellung konzipiert. Hierzu werden die selbstgebastelten Gegenstände jeweils in Verbindung mit der Abbildung eines indianischen Originals zusammen gezeigt.

Eröffnet wird die Ausstellung mit einer kleinen Vernissage, bei der selbstgemachtes **Popcorn** auf indianische Art gereicht wird.

Tagesaktion

Dieser Programmvorschlag für eine Tagesaktion ist für eine Gruppe von ca. 20 bis 30 Kindern unterschiedlichen Alters (ca. von acht bis 14 Jahren) gedacht, die sich noch nicht besonders gut kennen und sich vielleicht teilweise zum ersten Mal sehen. Dieses Programm eignet sich hervorragend z.B. für eine Kinderferien-Aktion oder auch als thematischer Tag für eine Kinderfreizeit oder Kinderstadtranderholung (wenngleich die Altersstruktur in diesem Falle eher homogen sein wird und sich die Kinder zumindest etwas kennen).

Passender Ort für diese Aktion ist eine Waldlichtung mit Grillplatz oder ein ruhiges Eck im Stadtpark (wenn Feuer machen erlaubt ist!).

Die Kinder werden von einem als Häuptling verkleideten Betreuer begrüßt, der sie umtanzt und sie als neue Bewohner des Indianerreservats „Dunkle Berge" willkommen heißt. Mit zwei Spielen werden die Kinder gelockert und zum Mitmachen animiert. Zum Einstieg spielen alle **Haguh**, um die Lachmuskeln zu trainieren. Anschließend werden die übrigen Muskeln bei einer zünftigen **Bisonjagd** gestählt.

Sobald die kleinen Indianer wieder zu Atem gekommen sind, stellen sie zunächst **Arm- und Stirnbänder** her. Die Materialien hierfür wurden bereits vorbereitet. Die Haltbarkeit des Kopf- und Armschmucks wird noch vor dem Mittagessen beim **Bogenstechen** unter harten Bedingungen auf die Probe gestellt. Wer beim Laufen seinen Schmuck verliert, muß ihn erst wieder befestigen, bevor er weitersprinten kann.

Zum Mittagessen gibt es für die hungrigen Wölfe eine ordentliche Portion **Jambalaia**, die schon am Vortag so zubereitet wurde, daß sie nur noch erwärmt werden muß.

Nach dem Mittagessen werden die Kinder beim Ringen um den **Schatz des Häuptlings Blinder Bär** wieder auf ruhigere und konzentriertere Tätigkeiten eingestimmt.

Die nun vorbereiteten Materialien für **Bogen**, **Köcher** und **Pfeile** motivieren die Kinder gewiß zum Basteln. An einer aufgestellten Zielscheibe aus Stroh findet anschließend ein kleines Bogenschießturnier statt.

Gemeinsam wird am Spätnachmittag ein Feuer entfacht, in das selbstgemachte **Tonhähnchen** gelegt werden. Während diese allmählich (unter Aufsicht) garen, gibt es noch eine weitere Attraktion: Die **Missionarsjagd**.

Der Tag endet mit dem gemütlichen Schmatzen der Tonhähnchen am glimmenden Feuer und vielleicht mit einer Indianergeschichte aus einem der unten empfohlenen Bücher.

Indianer-Wochenende

Für ein richtiges Indianer-Wochenende mit 8 bis 14jährigen jungen Abenteurern empfiehlt sich ein kleiner, ruhig gelegener Zeltplatz mit sanitären Anlagen.

Vorteilhaft ist ein Haus mit trockenen Räumen, falls ein Wolkenbruch unseren Indianerstamm überrascht. Sind feste Räume nicht vorhanden, so sind ein festes Küchen- sowie ein Aufenthaltszelt, in dem alle Teilnehmer Platz finden, erforderlich.

Beide Zelte sollten bereits vor Ankunft der Kinder aufgebaut sein, da die knappe Zeit eines Wochenendes für Indianer-Programm reserviert sein soll. Die Gruppengröße sollte die Zahl von 10 bis 25 Kinder nicht überschreiten. Neben zwei Köchen und Köchinnen sollte für je 5 Kinder ein Betreuer eingesetzt werden.

Kommen die Kinder auf dem Zeltplatz an, werden sie von einem als Medizinmann verkleideten Betreuer begrüßt. Er umtanzt die Kinder, begrüßt sie einzeln und gibt ihnen indianische Namen (**Namensgebung**), mit denen sie sich für den Rest des Wochenendes anreden sollen. Jedes Kind bekommt ein vorbereitetes Namensschild aus Pappe umgehängt, damit die jeweiligen Namen allen in Fleisch und Blut übergehen. Selbstredend müssen die Betreuer ab diesem Moment auch konsequent die neuen, indianischen Namen benutzen, damit sich die Kinder schnell daran gewöhnen.

Nachdem die jungen Indianer ihr Gepäck abgeladen haben, versammeln sie sich beim Häuptling (ein ebenfalls verkleideter Betreuer). Er informiert die Gruppe zunächst einmal über die Kleidung der Indianer, wie Hemden, Arm- und Stirnbänder u.a.. Mit den vorbereiteten Materialien können die Kinder in zwei Arbeitsgruppen jeweils abwechselnd **Stoffhemden** und **Armbänder** basteln.

Zum Mittagessen gibt es **Polenta** mit **Bohnen-Mais-Salat**, dazu leckere Säfte. Nach dem Mittagessen folgen zunächst einige lockere Spiele, z.B.

Bisonjagd, Bogenstechen, Der Schatz des Häuptlings Blinder Bär, Doppelball, Haguh, Jagd auf den schwarzen Mustang, Peteka, Pina, Sockeln, Stöckchenschlagen, Schlangentanz.

Schließlich müssen die Indianer für ihre Behausungen sorgen. Sie bauen sich für je 5 Indianer gemeinsam mit einem Betreuer ein **Tipi**. Dies wird ohne Zweifel die Zeit bis zum Abendessen in Anspruch nehmen.

Wenn gemeinsam das Feuer entfacht wird, können selbstgemachte **Tonhähnchen** und Folienkartoffeln gebacken werden.

Der Tag endet mit dem gemütlichen Schmatzen der Tonhähnchen am glimmenden Feuer und vielleicht mit einer Indianergeschichte aus einem der unten empfohlenen Bücher. Nach einem gemeinsamen Frühstück aus **Bannock** und Marmelade stehen am nächsten Morgen bereits die Materialien für **Bogen**, **Köcher** und **Pfeile** bereit, die am Vormittag gebaut werden. An einer aufgestellten Zielscheibe aus Stroh findet anschließend ein kleines Bogenschießturnier statt.

Zum Mittagessen werden **Hirsepfannkuchen** mit Obstsalat serviert.

Ein großes Geländespiel (z.B. **Totemjagd** oder **Pfeifer und Jäger**) beendet das Programm und schon ist die Zeit gekommen, sich zunächst an den gemeinsamen Abbau, später nach einer letzten **Jagd auf den schwarzen Mustang** auf die Heimreise zu machen.

Bausteine für den Kindergarten

Daß die Dimension des Themas Indianer auch im Kindergarten äußerst vielfältig ist, zeigt die nachfolgende Auflistung einiger Erziehungsziele für diese Altersgruppe. Zu den zahlreichen Fähigkeiten, welche unsere Kinder durch die Beschäftigung mit diesem Thema entwickeln können, gehören unter anderem:

- die Sinne zu gebrauchen, um in der Natur Details zu entdecken und sich daran zu erfreuen;
- sich mit den Pflanzen und Tieren zu beschäftigen und ihre Bedeutung füreinander und den Menschen zu sehen;
- durch Sammeln von Naturmaterialien Ordnungen und Gesetzmäßigkeiten, erste

Zusammenhänge der Natur wahrzunehmen;
- mit wenigen, zum großen Teil selbst in der Natur gesammelten, Materialien viel Freude zu erleben;
- Kreativität und Phantasie durch natürliche Materialien zu entwickeln;
- mit der Natur verantwortungsvoll, pfleglich, ja, sogar liebevoll umzugehen;
- neue Spiel- und Beschäftigungsmöglichkeiten, vor allem für den Aufenthalt im Freien zu finden;
- über den eigenen Erfahrungskreis hinauszusehen, wie Menschen in anderen Ländern leben;
- Angst vor Fremdem durch Neugier und Aufgeschlossenheit zu ersetzen;
- sich auf neue Situationen einzulassen, Freude an neuen Dingen zu haben, offen zu sein für neue Erfahrungen;
- in die Gemeinschaft hineinzuwachsen;
- die Gruppe als stärkend und schützend zu erleben;
- sich auf gemeinschaftliches Handeln (Lieder, Spiele, basteln) einzulassen;
- Interesse für andere und deren Lebenssituation empfinden zu können;
- zu erleben, daß ein Leben ohne Fernseher und teure Spielzeuge ungeheuer Spaß machen kann.

Im Folgenden sind für die acht Kernbereiche der Kindergarten-Pädagogik jeweils alle Beschäftigungen aus diesem Buch aufgelistet, die dem jeweiligen Förderungsbereich zuzuordnen und für Kindergarten-Kinder geeignet sind. Ergänzt werden sie durch Vorschläge für die Umsetzung von Kindergarten-typischen Beschäftigungen für das Thema Indianer. Für weitere Beschäftigungs- und Spielvorschläge, die im vorderen Teil des Buches nicht berücksichtigt wurden, sind an dieser Stelle ausführliche Erklärungen zu finden.

Ein weiteres Kapitel beschäftigt sich mit kleinen und großen Kindergarten-Höhepunkten. Es enthält sogar einen kompletten Programmvorschlag für ein Indianer-Fest mit der Kindergarten-Gruppe. Abschließend werden noch einige Ideen für den Tagesablauf unserer kleinen Indianer vorgeschlagen.

Diese Bausteine verstehen sich als Ideensammlung und dienen zur Unterstützung einer thematischen Kindergarten-Planung. Die individuelle Abstimmung auf die Voraussetzungen der Kinder sowie der tägliche Einsatz von situativen Elementen sind jedoch Bedingung für das Gelingen einer solchen Indianer-Einheit. Je nach Beschäftigungsgrad und Vertiefung in das Thema finden sich hier ausreichend Vorschläge und Ideen, um das Thema Indianer für zwei bis vier Wochen erfolgreich im Kindergarten umzusetzen.

Spracherziehung (Bücher, Geschichten, Gedichte)

- Erfinden und benützen einer eigenen **Zeichensprache**
- Spiel **Siehe, was ich sagen will**
- Bilderbuch-Betrachtung: „Komm, kleiner Indianer" (-> Literaturliste)
- Vorlesebuch: „Fliegender Stern" für die älteren Kinder (-> Literaturliste)
- Erzählen von Indianermärchen, (-> Literaturliste)

- Indianer-Malgeschichte
- Fingerspiel **Indianerkind Starker Wind**

Musikerziehung (Lieder, Instrumenteneinsatz)

- **Rasselspiel**
- Liedbegleitung mit selbstgebauten **Trommeln** und **Rasseln**
- Lieder von Indianern, Pferden, Mutter Erde und der Natur
- Selbstentwickelter Indianertanz auf südamerikanischer Folkloremusik

Rhythmik/Bewegungserziehung

- Rhythmik mit Naturmaterialien (Steine, Hölzer, Zapfen)
- Bewegungsübungen auf der Langbank. Wird den Kindern die Langbank als Pferd präsentiert, so können darauf die alltäglichsten Turnübungen, aber auch ausgefallene Reiterkunststücke durchgeführt werden.
- Partnerübungen mit der **Pferdeleine**. Kinder müssen lernen, sich auf einen Partner einzustellen und mit diesem zu kooperieren. Alltägliche oder besondere Partnerübungen mit dem Seil oder der Pferdeleine fördern das soziale und kooperative Verhalten der Kinder.
- **Bisonjagd** mit Pferdeleine
- **Höhenflug**
- **Jagd auf den schwarzen Mustang**
- **Sockeln**
- **Peteka**

Spielpädagogik

- **Der Schatz des Häuptlings Blinder Bär**
- **Stöckchenschlagen**
- **Haguh**
- **Murmeljagd** (u.a. Murmelspiele)
- **Pfostenschuß** (für ältere Kiga-Kinder)
- **Muk**
- **Kaipsak**
- **Stock über die Schulter**
- **Ohne Namen**
- Spiele mit Naturmaterialien

Kreative Erziehung (werken, basteln, malen und gestalten)

- Gestalterische Umsetzung der neuen Namen (**Namensgebung**).
- Plastische Gestaltung eines **Lagerfeuers für Drinnen**.
- Freies Gestalten eines **Indianerlagers** aus Pappe
- Herstellung von **Köchern**, **Pfeilen** und **Bögen**
- Herstellung von **Beilen**, **Bolas**, etc.
- Gestaltung von **Wandschmuck**
- Schmuckherstellung (**Armbänder**, **Kopfschmuck**, **Ketten**, **Anhänger**, **Ohrringe**, **Blütenkranz**, u.a.)
- Gestaltung eines **Totempfahls**
- Herstellung von **Trommeln** und **Rasseln**
- Gestaltung einer **Medizinmann-Maske**
- Umsetzung einer **Indianer-Malgeschichte**
- **Indianer-Fingerpuppen** gestalten
- Fenster mit indianischen Mustern bemalen

Natur- und Sachbegegnung (Naturbeobachtungen, Versuche)

- Bau des **5-Minuten-Tipis**, bzw. Flachdachtipis
- **Abenteuer im Waldlabyrinth**
- **Wildkräuter** sammeln
- **Tannennadeltee** herstellen
- **Wettermelder**

Hauswirtschaftliche Erziehung (nähen, weben, kochen)

- Herstellung von **Indianer-Stoffhemden**
- Herstellung eines **Baby-Tragetuches**
- Nähen eines **Medizinbeutels**
- Nähen von **Stoff-Mokassins**
- Verschiedene **Webtechniken** (Wandschmuck, Wampum, Schild)
- Herstellung indianischer Gerichte (**Bannock** in der Pfanne, **Polenta** mit selbstgezogenen oder gesammelten Kräutern, **Peruanische Allulas**, **Maisbrot**, **Hirse-Pfannkuchen**)

Denkförderung (rätseln, denken, beobachten)

- Erfinden eines Stammesnamens
- **Namensgebung**
- **Auf der Jagd nach dem heiligen Totem**
- **Indianische Rätsel**

Kleine und große Höhepunkte (Feste, Feiern, Besonderes)

- **Gesichtsbemalung** mit Natur- oder Schminkfarben
- Herstellung von **Popcorn** oder **Corn-Crisps** (Chips)
- Wir gehen auf einen kleinen Jagdzug am Nachmittag, bei dem wir in voller Indianerausrüstung losziehen und Kräuter für unsere Medizinbeutel, Früchte zum Essen sowie Naturmaterialien zum Basteln sammeln.
- Indianerfest im Kindergarten
  Hier ein Programmvorschlag für ein richtiges Indianerfest im Kindergarten, das in der Praxis erprobt wurde, aber natürlich beliebig variiert werden kann.
  Bereits am Vortag wurden gemeinsam im Turnraum viele kleine **Fünf-Minuten-Tipis** gebaut und Schminkutensilien hergerichtet. In der Mitte des Zimmers bleibt ein möglichst großer, freier Raum, in dessen Mitte wiederum eine künstliche Feuerstelle errichtet wird. Zum eigentlichen Indianerfest am nächsten Vormittag bringen die Kinder dann selbst Indianer-Kostüme mit, die sie aber noch nicht angezogen haben. Gemeinsam mit den bereits als Medizinmänner und -frauen verkleideten ErzieherInnen ziehen sich die Kinder bei ihrer Ankunft um und werden bunt geschminkt. Anschließend gibt es eine **Jambalaia**-Variante mit viel Gemüse, welches die Kinder unter Anleitung in den großen Reistopf schnippeln. Während das Essen langsam gart, vergnügen sich die Indianer bei einem lustigen Tanz. Als Musik empfiehlt sich hier eine der vielen bei uns bekannten chilenischen bzw. südamerikanischen Folklore-Gruppen. Die Kinder begleiten die Musik mit Rasseln und allem, was im Kindergarten zum Krachmachen zu finden ist. Der große Feuerreigen um die lodernden Flammen der Feuerstelle lassen der Phantasie für Bewegungen und Gebärden freien Lauf. Erschöpft von diesem indianischen Tanzritual, fällt die Indianerschar über das selbstgemachte Essen her und beschließt im Anschluß daran das Fest mit einem **Rasselspiel**.
- Offener Abend am Lagerfeuer, zu dem auch die Eltern eingeladen werden können. Mit Indianertanz, Liedern und Stockbrot aus **Bannock**-Teig.
- Elternabend: "Indianermärchen für Kinder". In den Indianermärchen erstehen die großen Legenden einer faszinierenden Kultur. Sie sind voller Herzlichkeit und von so ganz anderer Mentalität als die hier bekannten Märchen. Wie Kinder diese indianischen Märchen erleben, können die Eltern an diesem Abend erfahren.

Ideen zum Tagesablauf

- Morgen- oder Abschlußkreis um das **Lagerfeuer**. Das aus Naturmaterialien oder Pappmaché gebastelte Lagerfeuer in Originalgröße stellt den alltäglichen Mittelpunkt des Morgen- oder Abschlußkreises dar. Wenn sich die Gruppe um das Lagerfeuer versammelt, kann gespielt, gesungen, getanzt oder erzählt werden.
- **Indianisches Mannschaftenwählen** zur Gruppenbildung
- Alle Indianer legen beim Heimgehen ihr selbstgemaltes Namensschild in der Garderobe ab und hängen es sich jeden Morgen wieder um.

Indianer-Freizeit

Eine zweiwöchige Indianerfreizeit führen wir ebenfalls am besten auf einem kleinen, ruhig gelegenen Zeltplatz mit sanitären Anlagen durch. Ein Haus mit trockenen Räumen, in denen alle Teilnehmer Platz haben, ist hier den Großzelten vorzuziehen. Sollten darüber hinaus sogar noch einige Pferde mit fachkundiger Betreuung vorhanden sein, sind die Voraussetzungen ideal.
Auf alle Fälle sind Erfahrungen mit Kinderfreizeiten bzw. Zeltlagern dringend erforderlich. Die Details für die allgemeine Vorbereitung eines solchen Zeltlagers würden den Rahmen dieses Buches sprengen. Empfohlen sei hierfür die Lektüre des Buches „Ferien, Freiheit, Abenteuer" von Annette Breucker, welches in der Reihe „Praxisbücher für den pädagogischen Alltag" des Ökotopia-Verlages erschienen ist. An dieser Stelle sollen nun lediglich Tips für die spezifische Durchführung eines solchen Zeltlagers in Form eines Indianer-Camps gegeben werden.
Die Anzahl der Kinder sollte zwischen 10 und 40 liegen. Neben zwei Köchen und Köchinnen sollte für je 5 Kinder ein Betreuer eingesetzt werden.
Natürlich sind auch größere Zeltlager möglich, für ein thematisch orientiertes Zeltlager hat sich jedoch die angegebene Maximalzahl als sinnvoll herausgestellt. Bei dieser Stammesgröße wird der notwendige direkte Kontakt zwischen allen Beteiligten noch zustande kommen. Für größere Zeltlager mit hundert und mehr Kindern sind eher ein oder zwei Aktionstage zu empfehlen, die sich an den Tips für die Durchführung einer Tages- bzw. Wochenendaktion orientieren können.
Zu Beginn werden mit den Kindern gewöhnliche Zelte aufgebaut. Wenn im Verlauf des Zeltlagers eigene Tipis gebaut werden, ist es den Kindern freigestellt, in diese umzuziehen. Die ursprünglichen Zelte sollten jedoch stehenbleiben, da sich bei längeren Schlechtwetterperioden die Eigenbau-Tipis als nicht wasserdicht erweisen könnten.
Die Kinder sollten im Laufe der Zeit immer mehr Kleidungsstücke, Schmuck und Werkzeuge herstellen, so daß sie sich nach und nach dem originalen Indianerleben annähern. Begleitet durch Erzählungen oder Vorlesestunden und die zahlreichen Spiele und Beschäftigungen wechseln die Kinder so ganz allmählich von ihrem Alltags-Dasein in eine neue Existenz als Indianer über.
Eine gute Idee ist es, am Beginn der zweiten Woche alle Indianer zusammenzurufen und einen gemeinsamen Jagdzug anzukündigen. Zur Vorbereitung wird Pemmikan gekocht, es werden Tragegestelle gebaut, die Kleidung, Bögen und Pfeile werden überprüft und verbessert. Früh im Morgengrauen bricht die Gruppe dann zur Jagd auf.
Für 2 Tage ziehen die Indianer quer durch Wald und Flur, um schließlich nach ausgiebiger Erkundung der Umgebung, dem Sammeln von Früchten und vielen interessanten Begegnungen mit Bleichgesichtern, ins Lager zurückzukehren. Ist die Route vorher mit allen zuständigen Förstern abgeklärt, steht einer abenteuerlichen Nacht mitten im Wald nichts mehr im Wege.

Hier also ein konkreter Programmvorschlag
für insgesamt zwei Wochen Indianerleben

1. Tag
Anreise
Jambalaia
Spiele
Bannock am Feuer
Pfeifer und Jäger

2. Tag
Arm- und Stirnbänder
Bohnen-Mais-Salat mit Brot
Peteka bauen und spielen
Hirsepfannkuchen
Bisonjagd

3. Tag
Bogen, Pfeile
Polenta
Köcher, Bogenschießturnier
Tonhähnchen
Tarnspiel

4. Tag
Trockenfleisch, Zeichensprache
Succotash
Totempfahl bauen
Peruanische Allulas
Tipi-Jagd

5. Tag
Ofen-Bau
Carne picada
Peteka-Turnier
Maisbrot mit Weizenkörnern
Abenteuer im Waldlabyrinth

6. Tag
Lederhemden
Peruanische überbackene Möhren
Tipis bauen
Corn Crisps
Sockeltunier

7. Tag
Leder-Mokassins
Maistortillas mit Salsa Cruda
Doppelball
Bannock-Brot am Lagerfeuer
Doppelball

8. Tag
Pemmikan, Bannock produzieren
Carne picada de Andinos
Vorbereitung Jagdzug, Travois
Chilenische Bohnen
Totemjagd

9. Tag
Jagdzug

10. Tag
Jagdzug

11. Tag
Medizinbeutel, Maske
Maisbrot
Totempfahl
Würstchen und Popcorn
Auf der Jagd nach dem hl. Totem

12. Tag
Trommeln, Natur-Rasseln, Tonflöte
Jambalaia
Rasselspiel, Missionarsjagd
Peruanische Kartoffelpuffer
Indianerstafette

13. Tag
Programmbeiträge für
Abschlußfest proben
Wilder Reis
Gesichtsbemalung
Tonhähnchen oder Tonfisch
Abschlußfest mit Programm

14. Tag
Packen
Succotash
Abreise

Legende:
Die einzelnen Tage sind immer
nach folgendem Schema gegliedert
Vormittags
Mittagessen
Nachmittags
Abendessen
Abendprogramm

Empfehlenswerte Medien

Die hier aufgelisteten Bücher, Filme und Adressen erheben keinen Anspruch auf Vollständigkeit. Es wurden nur Bücher aufgenommen, die vom Autor empfohlen werden können. Wundern Sie sich nicht, wenn ihnen bei den Sachbüchern Einiges bekannt vorkommt - die meisten der Bücher sind nach OXMOX entstanden und einige davon sind ohne Zweifel zumindest davon „inspiriert". Sie wurden hier dennoch aufgelistet, wenn sie zumindest zu einem großen Teil Informationen und Anleitungen liefern, die in OXMOX nicht berücksichtigt wurden.

Vorlese- und Jugendbücher

Ewan Clarkson: **Spuren, die sich kreuzen**, Ein sehr empfehlenswertes Buch, dass die Lebensweisen von Indianern und Weißen klischeefrei gegenüberstellt und sich dabei eng an die historische Wirklichkeit hält. Sehr gut zum Vorlesen geeignet!
Häuptling Seattle: **Wir sind ein Teil der Erde**, Die legendäre Rede des Häuptlings Seattle an den amerikanischen Präsidenten aus dem Jahre 1855.
Adolf Hungry Wolf: **Dessen Stimme ich im Wind höre. Indianerleben in den Rocky Mountains**. Die tatsächlichen Erlebnisse eines jungen Deutschen, der in heutigen Tagen in einen Stamm der Indianer eintritt und mit ihnen lebt.
Carmen Rohrbach: **Der weite Himmel über den Anden**, Ein subjektiver aber dennoch tiefgehender Reisebericht aus heutiger Zeit.
Ursula Wölfel: **Fliegender Stern**, Von den Mühen, die ein sechsjähriger Indianerjunge mit dem Erwachsenwerden hat. Sehr spannend, kindgerecht und realistisch. Der Leser erlebt mit, wie Fliegender Stern schwimmen und reiten lernt, wie er sein erstes Pferd bekommt und ein großes Abenteuer erlebt. Ein ideales Vorlesenbuch schon für das Kindergartenalter. Auch als Hörbuch erhältlich!
Jörg Sommer, Gerit Kopietz: **Joschi im Tal der Wölfe**, Ein Indianer kennt keine Angst! Oder doch? Der kleine Joschi jedenfalls weiß durchaus, was Angst ist. Wie er es dennoch schafft, von seinem Stamm akzeptiert zu werden, erzählt dieses Buch. Ein Mutmach-Buch für junge Leser ab 7 und zum Vorlesen.
Büffelkind Langspeer: **Häuptling Büffelkind Langspeer erzählt aus seinem Leben**, Die Blackfoot-Indianer zählen zu den Stämmen, die erst relativ spät mit den Weißen in Berührung kamen. Ein erstmals 1920 veröffentlichter authentischer Bericht über eine indianische Kindheit.
Käthe Recheis: **Kleiner Wa-gusch**, Es ist schwer, monatelang auf die Eltern zu warten. Doch der Indianerjunge Wa-gusch hat viele Freunde, die ihm helfen. Dazu ist auch ein Arbeitsbuch erhältlich!
Lucia St.Clair Robson: **Die mit dem Wind reitet**, Die Lebensgeschichte einer Weißen,die bei den Comanchen aufwächst und deren zum Scheitern verurteilten Freiheitskampf miterlebt.

Sachbücher

Ruth Thomson: **Indianer- Wie sie lebten**, Vor allem ein sehr gutes Sachbuch, mit (wenigen) Anleitungen zum Spielen und Basteln.
Gisela Kreth-Kau: **Indianische Spiele und Glücksbringer**
Marion Zerbst, Walter Waldmann: **Tipi, Mokassin und Powwow. Das bunte Indianer- Spiel- und Sachbuch**
Mari Lu Robbins: **Das Indianerbuch. Alte Überlieferungen und Kultur der amerikanischen Ureinwohner**
Peter Gerber: **Prärie- und Plainsindianer**
Thomas Ostwald-Horst Henneberg: **Das grosse Indianerbuch**
Peter Haug: **Das deutsche Beadwork-Handbuch**, Das beste Buch über indianische Perlenarbeiten.
Der große Bertelsmann Bildatlas Indianer, Bilder ohne Ende. Aber auch die Texte sind sehr informativ.
Robert J. Moore: **Die Indianer. Die verlorene Welt der Ureinwohner Nordamerikas**, Ein Klassiker. Nicht immer leicht zu lesen aber wohl eines der informativsten Werke zum Thema.
Arne Hirschfelder: **Die Geschichte der Indianer Nordamerikas**
Wolfgang Haberland, Frederick Weygold: **Ich - Dakota**
Oyate Wica 'Ni Ktelo: **Das Volk soll leben - Der Sonnentanz der Sioux**
Annie Pazzogna: **Inipi - Das Lied der Erde**
Ruben Philipp Wickenhäuser: **Indianerspiele**
Heike Owusu: **Symbole der Indianer**

Bilderbücher

Käthe Recheis, Karen Holländer: **Nimm mich mit, großer Adler**
Geraldine Elschner, Monika Schliephack: **Kleiner Indianer Fallender Schnee**
Käthe Recheis, Astrid Krömer: **Kleiner Bruder Watomi**, Ein zum Glück immer noch lieferbarer „Klassiker"! Hat mehrere Generationen schon im Kindergartenalter mit dem Indianerbazillus infiziert.
Käthe Recheis u.a.: **Komm, kleiner Indianer**
Geraldine Elschner, Monika Schliephack: **Kleiner Indianer Tanzendes Blatt**.
Jörg Sommer, Andi Wolf: **Häuptling Flinke Pfote**
Ulf Löfgren: **Die Kinder von La Pacanda**

Filme

Gute Indianer-Filme gibt es nur wenige. Die meisten Filme, die sich mit Indianern beschäftigen, kennen diese Menschen entweder als brutale Wilde oder romantisieren ihr Schicksal als edle Naturvölker. Die hier vorgestellten Filme weichen von den gängigen Klischees ab und regen zur Auseinandersetzung mit dem realen Leben der Indianer an. Sie sind in der Regel in Kreisbildstellen, Landesbildstellen, teilweise sogar in Video-Verleihen zu erhalten.

Tschetan, der Indianerjunge, BRI, 1972, Regie: Hark Bohm, 94 Minuten, Farbe, empfohlen ab 10 Jahren.
Blauvogel, DDR, 1979, Regie: Ulrich Weiß, 96 Minuten, Farbe, empfohlen ab 10 Jahren.
Navajo, USA, 1951, Regie: Norman Foster, 69 Minuten, s/w, empfohlen ab 8 Jahren.
Gregorio, Peru, 1984, Regie: Crupa Chaski, 90 Minuten, Farbe, empfohlen ab 12 Jahren.
Manganinnie, Australien, 1980, Regie: John Honey, 86 Minuten, Farbe, empfohlen ab 10 Jahren.

Internet-Adressen

Auf den folgenden Internetseiten wird eine Fülle von Material über das Leben der Indianer gestern und heute präsentiert. Das Angebot im Internet verändert sich ständig. Deshalb kann die ein oder andere Adresse möglicherweise nicht mehr aktuell sein. Dennoch finden sich hier genügend erstklassige Startpunkte für ausgiebige Internet-Recherchen:
www.indianer.de - Interessante und informative Seite für Indianer-Fans. Eines der besten Angebote im Netz.
www.pintohorses.de - Sehr gute (englischsprachige) Seite über Pinto-Pferde mit vielen Infos.
www.germanlakotafriends.de - Sehr informative Seite über indianische Kultur Nordamerikas. Viele Photos, viele Links.
www.indianerschmuck.de - Importeur von Original-Indianerschmuck. Kein Verkauf an Endkunden, aber prima Vorlagen für eigene Handarbeiten.
www.geocities.com/Micaksika - Private Seite, die organisierte Indianer-Fans vernetzt. Tolle Links.
www.IndiansClub.de - Verein, der sich vor allem der Pflege indianischer Tänze verschrieben hat.
www.indiantribes.de - Ebenfalls ein Verein, der auch seine Handarbeiten vorstellt.
http://www.indianer-welt.de - Geschichte und Kultur der mesoamerikanischen, nordamerikanischen und südamerikanischen Indianer.
http://www.indianerwww.de - Kultur, Geschichte und Sitten der Indianer Nord-, Mittel- und Südamerikas. Nach Stämmen geordnet. Unmengen von Textmaterial!

http://home.germany.net/100-491943/index.html - Die heutige Situation der Lakota-Indianer in South Dakota.
http://www.geocities.com/plainsmen1984 - Plainsmen e.V. Indianer-, und Trapperverein in Ludwigshafen. Bieten eine Yahoo-Diskussionsgruppe an.
http://mitglied.lycos.de/Balam/index.html - Umfangreiche Informationen über Geschichte und Kultur der Maya.
http://www.northern-cheyenne.de - Über den Leidensweg und die Geschichte des einst großen Volkes der Cheyennes.

Museen

Alle hier aufgeführten Museen haben eine interessante Indianer-Abteilung oder besondere Ausstellungen zu Naturvölkern bzw. den Hochkulturen Mittel- und Südamerikas. Berücksichtigt wurden nur Museen, die für den Besuch mit Kindern geeignet sind. Fast alle bieten spezielle Führungen für Kindergruppen an, viele haben besondere Materialien für Kinder.

Museum der Kulturen Basel
Augustinergasse 2, Schwerpunkt: Kulturen der Jäger und Sammler in Südamerika.
Ethnologisches Museum Berlin
Arnimallee 23/27, Schwerpunkt: Nordamerikanische Indianer.
Überseemuseum Bremen
Bahnhofsplatz 13, Schwerpunkt: alle Indianischen Kulturen, kein ausgewiesener Schwepunkt.
Lippisches Landesmuseum, Detmold
Ameide 4, Schwerpunkt: Südamerikanische Indianer.
Museum für Völkerkunde, Frankfurt am Main
Schaumainkai 29 - 37, Schwerpunkt: Südamerikanische Indianer.
Museum für Völkerkunde in Freiburg
Adelhauserstr. 33, Schwerpunkt: Nordamerikanische Indianer.
Hamburgisches Museum für Völkerkunde, Hamburg
Rothenbaumchaussee 64, Schwerpunkt: Maya. Überwiegend jedoch nichtindianische Völker.
Niedersächsisches Landesmuseum in Hannover
Willy-Brandt-Allee 5, Schwerpunkt: Südamerikanische Indianer.
Roemer- und Pelizaeus-Museum, Hildesheim
Am Steine 1-2, Schwerpunkt: Südamerikanische Indianer .
Völkerkundemuseum in Leipzig
Täubchenweg 2, Schwerpunkt: Alle indianischen Kulturen von den Eskimos bis zu den Feuerlandindianern.
Museum für Völkerkunde München
Maximilianstr. 42, Schwerpunkt: Südamerikanische Indianer.

Karl-May-Museum gGmbH Radebeul
Karl-May-Straße 5, 01445 Radebeul, Schwerpunkt: Natürlich Nordamerikanische Indianer. Neben „literarischen" Exponaten wie Old Shatterhands Donnerbüchse eine durchaus seriöse Ausstellung.
Lindenmuseum Stuttgart
Hegelplatz 1, Schwerpunkt: Südamerikanische Indianer.
Museum für Völkerkunde in Wien
Neue Burg, Heldenplatz, Schwerpunkt: Alle Indianer, auch Eskimo.
Indianermuseum Zürich
Schulhaus Feldstraße 89, Schwerpunkt: Nordamerikanische Indianer.

Bezugsquellen

Die folgenden Lieferanten haben sich auf original Indianer-Produkte und Materialien für Indianeraktionen spezialisiert:
Indian Trading Post
Frankenstr. 6
53881 Euskirchen-Kirchheim
Tel 02255-2852
www.indian-trading.com
Echte indianische Gebrauchsartikel, aber auch Perlen, Federn u.a. Materialien.
Hundertmark Jeans- und Western-Versand
Humboldtstr.15
21509 Glinde
Tel 040-72756100
www.hundertmark-versand.de
Westernversand (vor allem Bekleidung und Schmuck), umfangreicher kostenloser Katalog.
Turquois Cloud
Dorfstrasse 8
CH - 8465 Rudolfingen
Tel (0)52-301 48 00
www.go-west.ch
Schweizer Händler mit großer Auswahl an indianischen Kunst- und Gebrauchsgegenständen.
INTERART S.Jahn
Telefon:0341/9607578
Markt 17/Königshauspassage
D - 04109 Leipzig
www.indianerbuch.de
Der wohl am besten sortierte Anbieter von Indianerliteratur. Auch zahlreiche DEFA-Videos (u.a. Blauvogel) sind dort günstig zu bekommen.

Register der Spiele, Rezepte und Beschäftigungen

Abenteuer im Waldlabyrinth 53	Morsealphabet 87
Armbänder 37	Morsen 86
Auf der Jagd nach dem heiligen Totem 97	Muk 77
Baby-Tragetuch 68	Murmeljagd 74
Bannock 57	Namensgebung 18
Beil 31	Natur-Rassel 100
Bisonjagd 47	Neun Monde 78
Blütenkranz 41	Ofen 23
Bogen 26	Ohne Namen 79
Bogenstechen 52	Ohrringe 41
Bohnen-Mais-Salat 63	Pemmikan 51
Bola 33	Peruanische Allulas 61
Bumerang 32	Peruanische Kartoffelpuffer 60
Carne picada de Andinos 61	Peruanische überbackene Möhren 60
Chilenische Bohnen mit Kürbis und Mais 58	Peteka 102
Corn-Crisps 62	Pfeifer und Jäger 52
Der Schatz des Häuptlings Blinder Bär 101	Pfeile 26
Doppelball 103	Pferdeleine 46
Einheimisches Wildgemüse 56	Pfostenschuß 75
Fliegender Stern 72	Pina 73
Fünf-Minuten-Tipi 22	Polenta 57
Gesichtsbemalung 38	Popcorn 59
Haguh 75	Rasselspiel 101
Hirsepfannkuchen 62	Rauchzeichen 89
Höhenflug 76	Riesenraupe 74
Hundeschlitten 50	Schild 30
Indianer-Briefe 87	Schlangentanz 50
Indianer-Decke 36	Schmuckanhänger 40
Indianer-Fingerpuppen 69	Siehe, was ich sagen will 88
Indianer-Malgeschichte 70	Sockeln 79
Indianerkind Starker Wind 71	Speer 31
Indianerlager aus Pappe 20	Stock über die Schulter 78
Indianerstafette 49	Stöckchenschlagen 72
Indianische Rätsel 73	Stoff-Mokassins 30
Indianisches Mannschaftenwählen 105	Stoffhemd 28
Jagd auf den schwarzen Mustang 53	Stroh-Boot der Chimu 48
Jambalaia 57	Succotash 60
Kaipsak 77	Tannennadeltee 63
Ketten 40	Tarnspiel 52
Kinder-Köcher 27	Tipi 21
Kinder-Rassel 100	Tipi-Jagd 22
Köcher 27	Tonflöte 95
Kopfschmuck 38	Tonhähnchen 63
Lacrosse 105	Totemjagd 104
Lagerfeuer 18	Totempfahl 94
Lagerfeuer für Drinnen 19	Trage für Indianer-Babys 68
Leder-Mokassins 29	Travois 48
Lederhemd 28	Trinkbecher 20
Luftschuß 33	Trockenfleisch 51
Maisbrot mit Weizenkörnern 62	Trommel 98
Maistortillas mit Salsa cruda 58	Wampum 37
Medizinbeutel 96	Wandschmuck 36
Medizinmann-Maske 99	Wettermelder 88
Mini-Totempfahl 95	Wilder Reis nach Indianer-Art 59
Missionarsjagd 99	Zeichensprache 84

Lexikon

Aborigines: So wurden die australischen Ureinwohner von den ersten britischen Kolonisten (zumeist deportierte Sträflinge) genannt. In ihrer eigenen Sprache haben sie kein Wort für ihr Volk. Sie nennen sich schlicht „Menschen".

Akicita: Eine Art Lagerpolizei aus jungen Männern, hatte bei den Prärie-Stämmen in den Lagern und auf Reisen für Ordnung zu sorgen. Sie konnten jedem, auch dem Häuptling, Anordnungen erteilen und sie bestrafen, wenn diese gegen die gesetzte Ordnung verstießen.

Bannock: Seit Jahrhunderten eines der wesentlichen Grundnahrungsmittel nicht nur der Indianer, sondern aller Menschen in der Wildnis. Es besteht lediglich aus Mehl, Salz, Backpulver und Wasser und stellt einen Brotersatz dar.

Bola: Mit Bolas jagten viele mittel- und südamerikanische Indianerstämme. Es handelte sich dabei um schwere Kugeln aus Ton, Stein oder gefüllten Kürbissen, die meist zu dritt an einem langen Seil befestigt waren. Sie wurden den fliehenden Tieren zwischen die Beine geschleudert, um sie zum Sturz zu bringen.

Bumerang: Der Bumerang war eine hölzerne Jagdwaffe der australischen Ureinwohner. Wird er richtig geworfen, kehrt er rotierend in einer weiten Kurve zum Werfer zurück.

Christoph Kolumbus: Er entdeckte offiziell im Jahre 1492 Amerika im Auftrag der spanischen Krone. Ihm verdanken die Indianer ihren Namen, da er meinte, einen neuen Seeweg nach Indien gefunden zu haben und die Einwohner deshalb für Ind(ian)er hielt. Bereits seine Seeleute verübten die ersten Morde an den Indianern und läuteten damit ein bis heute andauerndes düsteres Kapitel der Weltgeschichte ein. Historiker gehen heute davon aus, daß vor Kolumbus bereits Wikinger, Ägypter und Phönizier in Amerika gelandet sind.

Friedenspfeife: Fast jeder erwachsene Indianer besaß eine eigene Friedenspfeife, deren Kopf nicht aus Ton war, sondern aus einem bestimmten weichen Stein (Catlinit) geschnitzt wurde. Sie war für ihn ein heiliger Gegenstand, wurde jedoch zumeist alleine geraucht. Die aus Wildwest-Filmen bekannte „Friedenspfeifen-Zeremonie", mit der Streitigkeiten beigelegt wurden, war eher selten.

Häuptling: Unter einem Häuptling verstanden die Indianer den anerkannten Anführer einer Gemeinschaft, der ein Mensch mit festen Überzeugungen, kraftvollem Charakter und erprobten Fähigkeiten sein mußte. In der Regel fungierte er als Vorsitzender des Stammes- oder Ältestenrates, dem die wichtigsten Männer und auch Frauen des Volkes angehörten. Dafür Sorge zu tragen, daß die Beschlüsse dieses Gremiums durchgeführt wurden, war seine Aufgabe. Sein Einfluß hielt sich dabei in Grenzen, da er sich stets dem Willen der Mehrheit zu beugen hatte.

Indigene Völker: Eine moderne Bezeichnung für eine bestimmte Gruppe von bedrohten Völkern. Gemeint sind damit vor allem die nord-, süd-, und zentralamerikanischen sowie die australischen Ureinwohner, die von Weißen unterdrückt und mehr oder weniger systematisch und erfolgreich ausgerottet wurden.

Internationaler Indianischer Vertragsrat: Ein von nahezu allen noch heute existierenden indianischen Völkern unterstütztes Gremium, welches sich die Aufgabe gestellt hat, die Rechte der Indianer gemeinsam politisch gegenüber Regierungen zu vertreten.

Inuit: So nennen sich die nordamerikanischen Indianer in Alaska, Kanada und Grönland, die wir unter dem Namen „Eskimos" kennen.

Kopfprämien: Eine Prämie, die in den Zeiten der schlimmsten Ausrottungspolitik jeder erhielt, der beweisen konnte, daß er einen Indianer getötet hatte. Teilweise wurden so Menschen für nur zwei Dollar zum öffentlich sanktionierten Mörder. Als Beweis für die Tötung galten abgeschnittene Ohren, Hände und vor allem -> Skalps.

Kopfschmuck: Die mit Adlerfedern geschmückten Kriegshauben der Prärie-Indianer wurden in Europa so bekannt, daß sie geradezu als Kennzeichen aller Indianer galten. Tatsächlich wurden sie aber nur von Kriegern getragen, die sich besonders ausgezeichnet hatten.

Mammut: Ein dem Elefanten ähnliches voreiszeitliches Tier, welches ein dickes Fell und riesige Stoßzähne hatte. Es war eine beliebte Jagdbeute der Frühzeit und, wie Knochenfunde gezeigt haben, nahezu auf der ganzen Welt verbreitet.

Manitu: Vielfach fälschlicherweise für den indianischen Begriff für „Gott" gehalten. Tatsächlich bezeichnet Manitu die Kräfte, die Menschen, Pflanzen, Tiere und die gesamte Natur durchdringen. Für dieses Zusammenwirken der verschiedenen Lebenskräfte benutzen Indianer ein Wort aus ihrer eigenen Sprache. Die Ojibwa sagen Manitu, die Dakota nennen es Wakan, und die Irokesen sprechen von Orenda.

Medizinbündel: Das heilige Bündel eines Indianers, das er nur öffnete, wenn er allein war. Der Inhalt wurde aufgrund von -> Visionen bestimmt. Heiliges Bündel und Pfeife waren seine eigene Kirche, die er immer bei sich trug, ähnlich wie die Juden im Alten Testament die Bundeslade.

Medizinmann: Männer mit besonderen Kenntnissen, die ihnen Macht verliehen, Kranke zu heilen. Sie waren hoch geachtet. Es gab verschiedene Arten von Medizinmännern: Ein Mensch konnte heilig sein, aber er mußte weder Wunder noch Außerordentliches vollbringen. Von ihm ging die besondere Macht aus, Gutes zu tun. Eine andere Art Medizinmann war der Heilkundige. Er kannte die Heilkräuter und ihre Anwendung bei der Behandlung kranker Menschen.

Mokassins: So heißen die leichten, ledernen Schuhe der Indianer aus den waldreichen Gegenden. Sie konnten damit gut über umgestürzte Bäume oder schlüpfrige Felsen klettern.

Nomaden: Völker, die nicht an einem bestimmten Ort siedeln, sondern in regelmäßigen oder unregelmäßigen Abständen weiterziehen. Nomadische Völker sind meist Jäger und keine Ackerbauern und werden von allen modernen Regierungen ungern gesehen, da ihre Lebensweise den Besitz an Grund und Boden ausschließt und auch nicht respektieren kann.

Orenda: -> Manitu.

Pemmikan: Da Trockenfleisch alleine auf längeren Jagdzügen keine ausreichende Versorgung mit Vitaminen garantierte, stellten die Indianer in großen Mengen Pemmikan her - eine Art Nahrungs- und Vitaminkonzentrat aus Trockenfleisch, Speck und Wildfrüchten.

Plains: Die großen Prärien des Nordamerikanischen Mittelwestens zwischen Missouri und den Rocky Mountains. Die Heimat der uns aus vielen Western bekannten Reiterstämme.

Reservat: Bestimmte Gebiete, die den besiegten Indianer-Stämmen von den Weißen als neue Siedlungsflächen zugewiesen wurde und die sie nicht mehr verlassen durften. Die Reservate standen unter absoluter Herrschaft von weißen Indianer-Kommissaren und waren oft in abgelegenen, lebensfeindlichen Gebieten. Sobald die Weißen neues Siedlungsland benötigten, oder z.B. Gold auf Reservats-Territorium gefunden wurde, siedelte man die Indianer wieder neu um. Noch heute leben rund ein Drittel aller Indianer in Reservaten - die sie jedoch jetzt ungehindert verlassen können.

Schamanen: So hießen die ->Medizinmänner bei einigen indianischen Völkern.

Sippe: Die kleinste indianische Stammeseinheit, die in der Regel aus drei bis zwölf Familien bestand.

Skalpieren: Ein Vorgang, bei dem einem getöteten Menschen mit drei Schnitten die Kopfhaut samt Haarschopf vom Haupt getrennt wird. Das Skalpieren führten die Weißen ein - als Beleg für ausgesetzte -> Kopfprämien. Später wurde das Skalpieren von den Indianern übernommen und galt bei Ihnen als Siegestrophäe.

Sonnentanz: Ein mehrere Tage dauerndes rituelles Tanzfest, bei dem die Tänzer sich allmählich in Trance versetzen und dabei zum Teil schmerzunempfindlich werden. Da beim Sonnentanz viele Tänzer ihre Brustwarzen durchbohren und sich an einen Baum binden lassen, von dem sie sich dann unter großer Kraftanstrengung losreißen, war der Sonnentanz in den USA lange verboten und wird erst wieder in neuester Zeit praktiziert.

Subsistenzwirtschaft: Eine landwirtschaftliche Produktion mit einfachsten Mitteln und ausschließlich auf den persönlichen Verbrauch ausgerichtet. Ein Tauschhandel oder Verkauf der Produkte findet nicht statt. Dies war die bei allen Indianern übliche Methode.

Tipi: Das indianische Zelt, welches dem berittenen Wanderleben der Prärie aufs Beste angepaßt war. Zwar war die Größe der Tipis von Stamm zu Stamm verschieden - die Crow waren bekannt dafür, daß sie die größten Zelte mit den längsten Stangen hatten - doch die Grundkonstruktion war überall dieselbe, und ihr Aussehen glich einander. Jedes Tipi war ein Kegel aus 10 bis 20 Stangen und mehreren zusammengenähten Büffelhäuten. Sechzehn Häute ergaben ein schönes, geräumiges Familientipi.

Totem: Heilige Gegenstände in denen besondere Kraft wohnte. Viele Indianer hatten persönliche Totems, die ihnen bei einer -> Vision als für sie bedeutende Gegenstände erschienen waren. Es gab aber auch Totems, die dem ganzen Stamm gehörten und vom -> Medizinmann aufbewahrt wurden.

Travois: Ein dreieckiges Gestell aus langen Stangen, welche mit den persönlichen Habseligkeiten der Indianer beladen und früher an einen Hund, später dann an ein Pferd gebunden wurden, um auf Jagd- und Kriegszügen als Transportmittel zu dienen. Der Begriff stammt von französischen Trappern.

Visionen: Visionen waren die Verbindung zwischen dem einzelnen Indianer und dem großen Geist; allein sie sagten ihm, was er tun mußte. Der Indianer hielt seine Andacht allein und in Stille. Seine Visionen waren nur für ihn, für niemand sonst. Aufgrund seiner Visionen wählte ein Indianer den Inhalt seines -> Medizinbündels.

Wakan: -> Manitu.

Wampum: Die Waldindianer trugen bei feierlichen Anlässen breite Bänder, die sie Wampum nannten. Diese bestanden in alten Zeiten aus Muscheln, später aus Glasperlen. Sie dienten nicht nur als Schmuck, sondern auch als Zahlungsmittel, ähnlich wie bei den Weißen das Gold.

Zeichensprache: Eine ausschließlich auf bestimmten Gesten aufbauende Sprache, die von den Indianern - auch Trappern - zur Verständigung untereinander eingesetzt wurde.

Der Autor

Jörg Sommer ist Sozial- und Politikwissenschaftler und Geschäftsführer der Gesellschaft für Jugend- und Sozialforschung.

Seit seinem 16. Lebensjahr konzipiert und leitet er Ferienfreizeiten und Zeltlager für Kinder und Jugendliche, darunter viele Maßnahmen für Kinder aus sogenannten "Problemfamilien".

Heute beschäftigt er sich vor allem mit der Beratung und Weiterbildung von Mitarbeitern der freien und öffentlichen Jugendhilfe. Außerdem konzipiert und leitet er regelmäßig öffentlich geförderte pädagogisch-experimentelle Pilotprojekte.

Jörg Sommer hat schon viele Bücher und Arbeitshilfen zur praktischen Jugendarbeit veröffentlicht. So unter anderem "Action! Planspiele in der Jugendbildungsarbeit". Zusammen mit Gerit Kopietz und Thomas Schönauer "Schöne Ferien - Das Dschungelbuch für Pädagogen".

Dies ist sein erstes Buch bei Ökotopia. Es faßt die Erfahrungen zusammen, die er in mehreren reinen Indianerfreizeiten, vielen Gruppenstunden und Tagesaktionen zu diesem Thema sammeln konnte. Diese Erfahrungen zeigen nach seinen eigenen Worten, daß "Kinder von niemandem so eindringlich lernen können, was soziales und ökologisches Verhalten bedeutet, als von den Indianern".

Kontaktanschrift:	Jörg Sommer
　　　　　　　　　Schulstr. 48
　　　　　　　　　74243 Langenbeutingen